600号 心理 | 总主编
谢 斌

家庭情绪养育

智慧父母的修炼手册

主编　曾庆枝　李黎

上海交通大学出版社
SHANGHAI JIAO TONG UNIVERSITY PRESS

内容提要

本书是写给父母的家庭情绪管理手册，主要针对家庭中儿童青少年情绪管理。书中先是介绍了不同情绪，以及情绪与大脑、身体、压力、社交、饮食、睡眠等的关联；之后针对儿童和青少年期两个阶段的孩子，给出了家庭情绪养育的相关技巧并提供了练习方法，以帮助父母更好指导孩子识别、接纳、表达并自助调节情绪。书中还重点分析了一些儿童青少年中常见的情绪危机，如抑郁、焦虑、自伤自残倾向、愤怒冲动、成瘾等，给出了相应策略，并为读者提供了可以寻求的互助资源，以备不时之需。希望通过本书，读者能与孩子建立起相互信任、相互尊重的亲子关系，共同构建和谐的家庭情绪氛围。

图书在版编目（CIP）数据

家庭情绪养育：智慧父母的修炼手册 / 曾庆枝，李黎主编. —上海：上海交通大学出版社，2023.8（2024.1 重印）
（"600号心理"系列 / 谢斌总主编）
  ISBN 978-7-313-29063-2

  I.①家… Ⅱ.①曾… ②李… Ⅲ.①青少年—情绪—家庭教育 Ⅳ.①G78②B842.6

  中国国家版本馆 CIP 数据核字（2023）第125027号

家庭情绪养育：智慧父母的修炼手册
JIATING QINGXU YANGYU: ZHIHUI FUMU DE XIULIAN SHOUCE

主　　编：曾庆枝　李　黎

出版发行：上海交通大学出版社　　　　　　地　　址：上海市番禺路951号
邮政编码：200030　　　　　　　　　　　　电　　话：021-64071208
印　　制：上海盛通时代印刷有限公司　　　经　　销：全国新华书店
开　　本：880 mm×1230 mm　1/32　　　　印　　张：8.5
字　　数：160千字
版　　次：2023年8月第1版　　　　　　　　印　　次：2024年1月第2次印刷
书　　号：ISBN 978-7-313-29063-2
定　　价：68.00元

"600号心理"系列

总主编

谢　斌

《家庭情绪养育》编委会

主编

曾庆枝　李　黎

编　委

（按拼音顺序排列）

陈　静　金　金　李　煦　刘　乐

马银珠　牛小娜　孙　扬　张少伟

序

育儿之路是一条艰难的路，也是一条幸福的路，充满乐趣与挑战。养育之初，很多父母都满怀爱意和美好的期待，但随着孩子成长，往往会面临各种养育困境，特别是在面对孩子的各种负面情绪和问题行为时，纵使使出浑身解数仍倍感挫败，时常充满"山穷水尽疑无路"的无力感！不过，为人父母最不易却最可贵之处，也许就是这种纵使内心充满辛酸无力却还要坚持走下去的责任和担当。

每一个孩子在成长过程中，都会面对身体、心理、社会化等多方面的变化，面临不断加剧的来自身心的双重压力：外在需要承受不停"内卷"的学业、人际交往压力等，内在则因为情绪上的未分化、无头绪、难管理等问题，容易陷入负面情绪的旋涡，甚至出现心理健康危机。而家长则在其中承担着关键且艰巨的任务——成为孩子的"定心丸"，即成为稳定孩子情绪的支柱，在他们成长的过程中提供无条件的关注、接纳、引导和支持。遗憾的是，虽然我们在物质和科技上取得了巨大进步，但在营造健康的情绪养育环境上并没有比前人好多少。无论是在家庭还是在学校，当代的家长和教育者们似乎更注重孩子的学业成就和技能培养，而忽视了孩子的情感需求和心理成长。因此，当孩子情绪崩溃时，作为养育者的我们才会显得那么的焦虑、迷茫和无力。

然而，我们没能为孩子提供情绪养育，并不是因为我们缺少爱，而是因为我们不了解情绪养育，不知道如何去爱。情绪养育的本质是培养孩子良好的情绪认知和管理能力，帮助他们接纳自己，帮助他们学会爱自己和取悦自己，帮助他们在遇到困难时做到不轻易选择拒绝和逃避，帮助他们培养自信、坚毅、耐心、友善、宽容、勇敢等优秀的品质并发展出各种各样的能力——抗挫折的能力、调节情绪的能力、共情能力、自控力、成长型思维、社交能力……在孩子的一生中，这些品质和能力远比考卷上的成绩重要得多，它们将伴随孩子一生，让他们在迷茫时找到方向，困境时找到力量，绝望时看到希望，也更容易体验到生活中的幸福。

作为"600号心理"系列丛书之一，本书旨在帮助家长和教育者们学会用情绪养育的方法引导孩子的身心健康发展。通过阅读可以了解到情绪养育相关的重要主题，包括：情绪发展的基础和特点、不同年龄阶段的情绪养育技巧、儿童青少年常见情绪危机的识别和应对、实用的家庭情绪调节技巧和专业资源等。书中包含的常见生活案例、练习和提示，也可以帮助家长和孩子更好地理解并掌握情绪管理要点，从而提升家长的养育能力，增强孩子的心理韧性。我们希望它既是一本专业的情绪养育科普书，又能成为家长和老师们实用的工具书。

同时也要提醒各位读者：情绪养育是一项贯穿孩子成长过程的长期任务，需要我们持之以恒地投入时间和精力。每一个孩子都是独一无二的，都有不同的特点，父母应该努力了解孩子内心的世界，倾听他们的声音，反思体验和及时调整策略，这样才能真正帮助孩子获得健康的情绪管理能力。除此之外，我们也希望在学校和社区中，能建立起对儿童青少年群体更加友好包容的心理成长氛围，为孩子们营造一个接纳、尊重和关爱的环境。

诗人鲁米曾说："在是非对错之外，有一片田野。我在那里等你。"希望本书能够帮助父母们在困难重重的育儿路途中，打开一扇通往广阔田野的大门——用温暖的情绪滋养孩子的心灵。而作为养育者，我们也可以借由孩子成长的力量，看见自己的同时成就更好的自己。

谢　斌

上海市精神卫生中心主任医师

上海交通大学心理学博士生导师

中华预防医学会精神卫生分会主任委员

中国心理卫生协会监事长

目　录

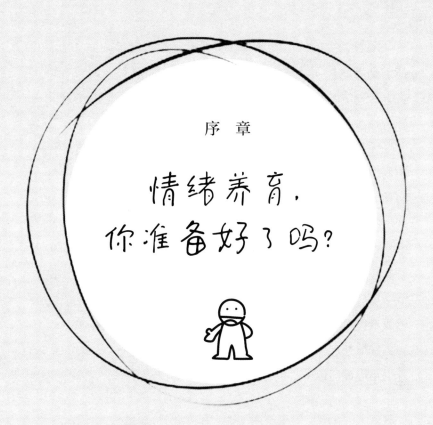

序 章

情绪养育，
你准备好了吗？

随着社会的快速发展和变革，家庭教育成了一个备受关注的话题。然而，情绪教育在家庭教育中常常被忽略或者缺失。这种情况给儿童青少年带来了诸多负面影响，包括心理问题、行为问题等。

无论在家里、在职场、在学校，还是在诊室里，有一种东西构建了一个基本的人际关系基调，那就是情绪氛围。父母与孩子、老师与学生、同伴或同事之间，都存在着某种情绪氛围。在家庭中，家长作为成年人，是情绪基调的主要引导者。家长对孩子说的话，对待孩子的方式，会积极或消极地影响孩子；反之也一样，孩子作为家庭情绪基调的主要影响者，其情绪反应、情绪控制的能力，也在一定程度上给家长带来成就感或者挫败感。可以说，家庭情绪养育不仅仅是在帮助孩子学会更好地处理情绪问题，更是父母成长的一堂必修课。在儿童青少年心理门诊中，也会看到很多因为缺乏情绪养育基本知识而令人叹息的案例。

她看着好好的，哪里病了？

一位妈妈在门诊里问我们："我的孩子真的生病了吗？"这个问题可以说是门诊中能排进前三的"灵魂拷问"。我们会问："您觉得孩子有什么异常吗？"妈妈接着说："没觉得异常啊！她自己要来，我觉得根本没有必要。去年她还说要考某某大学、要做设计师，但是这学期学习退步得厉害。你看，她身体健康，上学好好的，昨天晚上睡觉前还在刷手机，哪里看上去是有病？就算真的有病，那也是手机用得太多了。"孩子此时把头埋得低低的，一言不发。

我想打断这位妈妈，但是看着她逐渐泛红的眼眶，我知道她们的家庭情绪氛围一定另有隐情，所以在那一刻我并没有和妈妈说什么道理，而是让她继续诉说。就这样，妈妈不停地向我"控诉"，自己在离异后如何含辛茹苦地把孩子健康养大，孩子父亲如何冷漠不管，孩子又是如何在家很好但是在学校心理老师那里和医生面前伪装得自己好像很抑郁以博取外人的同情。当说到自己无意间发现孩子有自残行为时，她哭了。此刻，母女二人不发一言，孩子把头埋得更低了，诊室弥漫着委屈和抑郁的情绪氛围。孩子妈妈冷静下来一些后，问我："医生，她是不是真的生病了？是不是抑郁症？"我点点头。

情绪，看不见，摸不着；情绪出现问题的人，看上去四肢健全，也不发烧。妈妈本身处于巨大的情绪危机中，她更加无法理解：孩子的情绪怎么了？但这时候如果要立即和一个崩溃的妈妈讲大道理，讲抑郁症的发病机制，指责父母的疏忽和粗心，或者讲她自己所呈现的情绪危机状态，或许并不是一个很好的时机。

我对这位妈妈说："你和孩子经历的这一切，换任何一个人也都可能会产生抑郁情绪，孩子感到抑郁，不是任何人的错，更不是孩子在道德品行上有什么问题。养育孩子很辛苦，今天你会这么崩溃，或许也是因为你觉得自责，觉得是不是自己照顾得不够好，也有对她爸爸的责怪，孩子的状况让你感到很无助。"

妈妈说："是的，我不知道还要怎么做她才能满意，才能好……"

当时，我的脑子里有很多道理想要同妈妈说：孩子到底是在我们面前伪装得不好，还是在你面前伪装得太好？为什么健健康康的孩子非要在手臂上划出一条条伤口？为什么孩子有梦想，却在学习上使不上劲？难道在家里打游戏、混吃等死是她想要的人生吗？

我们都知道，情绪是人类的本能，也是最基本的心理体验之一。而情绪教育则是培养儿童青少年的情绪认知和情绪调节能力，让他们能够更好地应对生活中的挫折和困难。在这个故事中，我们看到：从小到大积累下来的不良情绪正在吞噬这个孩子，而妈妈不明白——我把你的身体养得那么健康，你为什么就不能像理想中的那个孩子一样，身心健康，好好学习呢？其实，不管是情绪，还是疾病，首先都需要被看见。因此在后续的章节中，我们会通过常见的青少年情绪问题案例，帮助家长和老师们了解儿童青少年的情绪特点，有序地开展情绪方面的教育。我们也把这种有序的、调动孩子主观能动性的情绪教育，称作"情绪养育"。

如果缺乏有效的情绪养育，许多孩子是无法很好地管理自己的情绪的。他们可能会经常感到焦虑、沮丧、愤怒或者被其他消极情绪困扰，这些情绪不仅影响他们的生活和学习，还会对亲子关系产生负面影响。同时，一些孩子也会出现行为问题，比如冲动攻击行为、回避行为等，这些问题同样会对他们的身心健康造成影响，进而可能导致更多其他心理健康问题出现。

有没有流程图？
能不能具体说下一步该怎么做？

有一天，王老师转介来一个小学三年级的孩子，据王老师反映，孩子在学校特别容易暴躁，上课注意力也不集中，不遵守纪律。在诊室里，孩子双手交叉在胸前，像个小大人，神情鄙夷地看看我，又随手拿起一本诊室里的童书翻起来。孩子爸爸有条不紊地讲述着孩子的各种问题，孩子就像是为了防止自己听到爸爸的"工作报告"似的，专注于书的世界。那是一本幼儿园大班的读本，三年级小学生想必看得也是很无聊，但是他始终没有要抬头和我眼神交流的意思。

这个爸爸进来没多久就展现出一些他们家庭的情绪氛围特点。我们在和孩子交谈的时候，他始终在旁边补充和纠正，补充我们没问的，纠正孩子没回答清楚的，提醒孩子正确的坐姿。最后他总结了本次来访的目的：孩子在学校经常上课睡觉，而且情绪很容易失控，好几次违反学生行为规范，破坏学校公物，甚至和同学打架。老师的批评教育完全不管用。他作为父亲也多次被学校请去谈话，老师已经明里暗里提示孩子可能有心理问题，希望他带孩子来医院看一看。

爸爸把孩子校内外的情况详细地说了一遍。当被问到他们从小怎么养育孩子的时候，妈妈说了一句让人印象深刻的话。她说："规矩是从小就立了，现在可能还是管得不太够。"为了解孩子是否存在"注意缺陷和多动障碍"，我们做了心理测评，发现孩子在集中注意力上并没有太大问题。当问孩子为什么要在学校做出那些行为时，孩子回答了这样一段话："既然不管我做什么都是错的，那我就想做什么就做什么，反正大家都别想好过，我说什么都说不过他们，你还是别问我了。"这是很有趣的回答，孩子用破罐子破摔的态度在表达着不满、无可奈何，似乎还有无尽的委屈。虽然他目前的外在表现呈现为冲动控制等行为问题，但背后更多的是情绪管理问题，而这和家庭情绪养育的方式密切相关。

儿童青少年的自控力与他们感受到的父母支持程度有关，孩子获得家长的支持越多，就越少出现行为和情绪问题。亲子关系的质量与孩子情绪控制的能力呈正相关。如若父母过于严厉、过分控制或放任，孩子则可能出现情绪控制困难。孩子在面临困境时需要的是父母及时的情绪回应，而不是一味的行为约束。

因为门诊时间有限，我只能和家长简单地解释了一下情绪养育的重要性，但这位爸爸听完之后的回答也很有意思："你说得有道理，你们有没有流程图？能不能具体说说下一步该怎么做？怎么样叫作情绪养育？我和他妈妈该怎么说才算做到对孩子有情绪回应？"突然，我觉察到爸爸说话时候的语气，就像是在和秘书讨论一个项目的执行计划："下午会议几点？什么主题？都有什么人参加？地点在哪里？项目报告有了吗？"

父母希望可以依赖自己的权威制造一种家庭氛围来控制孩子的行为，孩子或许在某一个阶段会做"好孩子"，听从命令，避免惩罚。但是随着年纪的增长，当他的自我意识开始萌芽的时候，他希望自己的情绪被看见、被理解的需求会越来越强烈，此时，单纯的权威很难再起作用，还可能激发孩子的反抗。情绪养育并不代表溺爱孩子或者不管孩子，而是让孩子感受到他的情绪被接纳、被理解，父母能和他一起探索问题的答案。令人欣慰的是，这个孩子的爸爸妈妈愿意迈出这一步。

这个故事说明：情绪养育不是一件容易的事情，需要家长、老师及与青少年教育发展相关的成年人共同努力，掌握一定的知识和技能。一方面，家长和老师需要了解儿童青少年的情绪特点和发展规律，以便更好地进行情绪教育。另一方面，要学会运用具体的方法和策略，比如倾听、理解、鼓励、引导等，帮助孩子有效地进行情绪的识别、表达和管理。

先处理情绪，再处理事情

情绪是什么呢？先说说我作为精神科医生的体验。

记得很多年前的一个下午，在看完数个初诊后，一位母亲带着孩子进来了，她是从外地来沪的，一会儿看完病还要赶车回去，因此可能对候诊时间太长非常不满，一进诊室就对医院的管理进行了一番气势汹汹的指责。等她离开后，因为后面还有很多患者在等待，我来不及察觉和处理自己的情绪，就继续投入后续的门诊工作中。但是门诊结束后，我就像个突然泄气的气球，一下子变得很沮丧，之前因为有"不能影响工作"这个自我要求，我在潜意识里一直压抑着自己的这部分感受，也没有意识到它对我的影响。但一旦门诊结束，压制我的"红线"消失了，在松懈下来时，先前压抑的很多负面情绪就都突破防线一股脑地涌出来。晚上八点回到家，我晚饭也不想吃，也不想跟家人说话，只跟他们说有点累，就直接上床休息了。家人看我的样子没有细问，而我却在自己的房间里辗转到天明都没睡着。

这种情绪一直持续到第二天。早上上班的时候，我的情绪还是很低落，觉得手头的好几件事情都很难处理，更主要的是即使知道那位家长的话不过是导火线，或许也只是她的气话，但引发的各种负面情绪还是会让我觉得自己的付出没有什么意义，控制不住地感到不开心。

那天早上，我找同事和好朋友说了这种感受，告诉他们自己感觉很不好，脑子里挥之不去的全是负面的想法，并且开始自我怀疑。同事和朋友给了我支持和鼓励，并和我分享了他们类似的遭遇和处理方法，让我感觉自己并不是孤身一人。晚上回到家后，我和家人也聊了最近门诊时的遭遇以及这件事给自己带来的感受，比如对一些事情的愤怒，对家人的愧疚。我知道有些想法家人或许不能理解，只是我个人的视角和感受。家人当时说了什么其实我已经不记得了，印象中他们只是提了一些"普通"建议，比如早点睡觉，周末一起出去玩，但也始终没有对我指责和抱怨。倾诉过后，我如释重负。

那天晚上我睡得特别好，第二天醒来心情释然多了，我在记事本中写下了这样的一段话：陷入负面情绪（不管是内在压抑还是外在表现）的时候很难集中注意力，认知（对事情的看法）也会发生扭曲，比如只会看到悲观消极的一面，想法会比较极端，应对事情也容易僵化，失去原有的弹性和灵活性等等。因此事情坏的方面会被放到很大，而好的地方很难被看到，就像钻进了牛角尖，感觉非常无力、无助。而情绪一旦表达出来，并且被看见、被接纳、被理解、被支持，情绪就流动起来了，就像堵住的小河一下子被疏通，原本纠结的事情，好像不是那么"过不去"了。即使事情还是那个事情，原来的困难仍然存在，但当我们的感受被理解之后，我们就拥有了新的视角，也获得了应对问题的力量。

我是成年人，并且是专业的"情绪处理工作者"，在情绪波动时，尚且需要时间、技巧和外界的帮助才能修通，那我们的孩子和家长呢？当一个家长，不知道或者不认可情绪养育的重要性，用自己曾经被对待的方式或者自认为"对孩子好"的方式对待孩子，却常常碰壁得不到期待的回应时；当一个孩子，从小到大为了照顾父母的情绪和完成父母的期待，需要隐藏和压抑自己的真实情绪，而真正的感受得不到理解时……真实的情绪并不会因为控制或压抑而自动消失，情绪流动的通道阻塞了，它也许会隐蔽在某处伺机冲出重围，或者迂回扭转发酵变形，但最终都会以更剧烈的、更有伤害性的形式展现。我们在生活中看到的亲子关系的裂痕，父母的愤怒和无力，青春期孩子的叛逆、厌学、游戏成瘾等各种行为问题及关系问题，成年后没有勇气和方法去应对生活、应对关系，对原生家庭责怨，乃至自伤自杀……这些问题可能都与从小情绪没有被好好照料有关。

先处理情绪，再处理事情，这是"高情商"的表现。所谓高情商不是一个人多么会社交、会说话，在人际场合八面玲珑，而是拥有情绪管理的能力。情绪管理能力既包括一个人能够觉察、识别和接纳自己的情绪，也包括能够觉察、识别和接纳别人的情绪，并采用健康有效的方式调节情绪。研究发现，情绪管理能力对一个人生活质量的影响远大于智力。有情绪管理能力的孩子不仅学业成绩方面更突出，他的身心健康水平，将来的职业成就以及婚姻、家庭和幸福感水平也更高。作为医生，我们见过太多学业优秀的孩子走进诊室，也见过不少在危机情绪左右下发生的家庭悲剧。情绪管理能力的缺陷对孩子的影响甚至会贯穿其一生，即使长大成人，即使成为社会精英，即使没有走进诊室，但他们在自己的真实生活中仍然感到空虚，囿于自己的社会面具，不敢表达和展示真实的自己，也找不到生活真正的价值和幸福。

根据生物社会理论，一个人的情绪健康受生理和环境因素共同影响。生理因素包括遗传、子宫内的因素、天生的气质、幼年或成年时期因身体受伤导致的对脑部发育的影响，以及早期学习经验对脑部发育和功能的影响等，这些生理因素不良的话，可能会造成一个人对不良情绪的易感性，主要表现为平时的情绪基调非常强烈而负面，对情绪刺激很敏感，对情绪刺激的反应很强烈，以及一旦情绪被激发就很难恢复等特征。从社会层面来讲，社会环境特别是家庭照顾环境对孩子的情绪也有非常重要的影响。一个生理脆弱的孩子可能在支持充足、配合度高的家庭环境中发展出情绪快速复原的能力。然而，相反的状况也有可能发生。如果家庭情绪养育方式不良，比如家庭不认可情绪且家庭环境里没有适当表达情绪的模仿对象，强化激发情绪的家庭互动模式，家庭照顾者的教养方式和孩子的性情不匹配等，那么一个生理不那么脆弱的孩子也有可能出现情绪失调和行为失控等情绪方面的问题。

我们知道，对于人类来说，情绪的主要功能是沟通。在一个良好的家庭情绪养育环境里，任何情绪体验都会得到接纳。比如，孩子回家后告诉父母自己在学校被老师批评了，父母会回应"难怪你看起来很不开心"，然后安抚孩子并协助其找出原因，而不会说"你到底又做什么坏事了"。在良好的情绪养育环境里，成人会试着让孩子或帮助孩子说出自己的感受、看法，再诚恳地回应，并根据孩子的情绪表达调整自己的行为方式。他们把孩子的情绪表达作为重要的沟通方式，通过精准而及时的回应来确保沟通渠道的畅通无阻。在这样的家庭环境里，孩子能识别自己的情绪，感受到自己的情绪得到了接纳和认可，懂得区分自己和别人的情绪，也能学会健康的情绪调节方式，并从中获得极大的满足感。

相反，当孩子的情绪在养育环境里不被认可时，他们可能会尝试用更强烈的方式（大喊大叫、行为失控等）再次沟通，养育者如果持续不理解或者不相信沟通的内容，双方的情绪都会逐渐升级，最后的沟通结果不是一方情绪濒临崩溃、另一方决定妥协，就是一方直接关闭沟通渠道，这都会强化不良的家庭沟通模式。要么不回应，要么回应得太激烈，孩子在这样的环境里很难健康地表达自己的情绪，这种沟通模式也会成为滋生情绪问题的土壤。在这样的环境里，负面情绪（如痛苦的体验）被轻视或忽视，并被归因于性格弱点，如不够努力、太脆弱、不够勇敢；即使是正面情绪也会被鄙视，如取得成功时表达开心被视为太容易骄傲自满。表达情绪可能会被惩罚，而极端的情绪和失控行为却时不时地被强化（家长可能为了避免冲突而最后妥协，满足孩子的要求）。长期在这样的环境里，孩子没有被教导如何描述自己的情绪，也没学会调节情绪，他们只能忍受痛苦，要么过度压抑，要么完全失控。因为情绪得不到认可，也就无法获得有效回应，这种情绪养育模式也意味着切断了情绪的沟通功能。

情绪需要一个出口，需要有人在那里，看见它，并稳稳地接住它。心理治疗师常常会跟家长说：你可以试着问问自己，当你在孩子这个年龄的时候，如果处在孩子类似的状态里，你希望自己如何被对待？希望周围的人为你做些什么，说些什么？青春期的孩子对父母的抱怨和对抗会让父母感受很不好，觉得孩子不听话，觉得自己不称职，感到无助、无力。但是从另一个角度来讲，有对抗，有抱怨，说明你们之间还有沟通，说明在孩子的眼里，家还是一个可以表达自己感受和挫折的地方，他还抱有希望。如果这时候作为父母能够接住他的情绪，他就能从父母这里获得力量去找到处理问题的办法。反之，如果父母总是忽视或否认孩子的感受，那么孩子可能就不再想表达了，亲子之间真正的沟通渠道也就关闭了，这可是比"对抗、顶嘴、抱怨"严重得多的情形。

因此，在家庭中创造一种积极的情绪氛围是非常重要的。然而，这种氛围的产生不是靠运气，也不会是偶然的，而是需要学习。想要实现孩子身体、心智、情绪的健康成长，家长有必要学习情绪养育的方法，掌握一定的知识和技巧，营造一个能够互相提供情绪价值和情绪支持的家庭环境。

在后续章节中将分别介绍家长和老师需要掌握的情绪教育知识和技巧。第一章"我们都有哪些情绪？"和第二章"情绪都和哪些因素相关？"中，详细介绍了儿童青少年常见的各种情绪，以及情绪对身体、行为、社交等方面的健康发展和对社会生活的影响。第三章"不同阶段的情绪养育技巧"和第四章"情绪养育小技巧"介绍了一些可以帮助孩子有效进行情绪识别、表达和管理的方法。青少年时期也是情绪疾病和心理危机高发的阶段，家长和老师需要做好识别和必要的干预工作。第五章"情绪危机的识别"和第六章"寻求帮助"就详细介绍了儿童青少年心理危机的识别、干预和专业帮助资源，以备不时之需。希望读者可以借助这本书，帮助孩子更好地应对生活中的压力和挑战，避免负面情绪的影响，增强自信心和独立性，有效地进行情绪管理和发展。

养育孩子不易，我们不能只养育身体，还要养育孩子的内在生命。我们相信，通过在家庭和学校中开展科学适宜的情绪养育，可以进一步强化亲子之间的纽带，帮助每个孩子拥有更为健康、积极、快乐的成长体验；帮助家长和老师有效地应对儿童青少年养育中的很多问题，为儿童青少年的身心健康成长打下坚实的基础。

情绪养育是需要学习的，也是可以学会的。越早学习，我们从中受益也越多。有一句话是这么说的："种一棵树最好的时间是十年前，其次是现在。"如果我们错过了最佳的时间，没关系，只要愿意改变，现在开始也不晚。就让我们从此刻出发吧。

第一章

我们都有哪些情绪？

　　"你最近心情好吗？有什么开心的事或者不开心的事？会容易发脾气吗？为什么哭泣呢？"我们和朋友家人聊天时，总会问到心情和情绪。说到情绪，你知道情绪到底是什么吗？

　　情绪是指人的喜、怒、哀、厌、惧等心理体验，这种体验是人对客观事物的态度上的一种反应。那些能满足需要的事物会引起肯定的、积极感受的体验，如快乐、满足等；而不能满足需要的事物会引起否定的、消极感受的体验，如愤怒、憎恨、哀怨等；与需要无关的事物，会使人产生无所谓的情绪和情感。积极的情绪体验可以提高人的活动能力，而消极的情绪体验则会降低人的活动能力。所以，在日常生活中我们常常人为地把情绪分为积极情绪和消极情绪。

　　情绪的产生和变化与很多因素有关，如性格因素、躯体因素、家庭因素、社会因素、生活事件等。识别和认识情绪，是管理情绪的第一步。接下来我们通过几个小案例带你走进情绪的世界。

第一节

眼泪噙在眼眶，悲伤逆流成河

　　早上的天灰蒙蒙的，似乎要下雨。14岁的雨诺起床后没有看到桌子上热乎的早餐就知道当医生的妈妈昨晚又值班没回来，于是她拿了一个面包和一盒牛奶，一个人上学去了。到了学校，雨诺听其他小伙伴说自己最好的朋友智佳转学了，这个消息犹如晴天霹雳，因为上周五智佳还和她约好这周一一起分享新买的画册。雨诺很想立刻回家和妈妈要手机打电话给智佳，但因为还在上学，就忍住了冲动，但此时她的情绪好像洪水一般涌来。想到以后不能再和智佳一起放学、做练习题，想到以后要自己一个人去吃饭、没法和智佳说说笑笑打打闹闹，雨诺顿时湿了眼眶。

　　中午吃饭的时候，雨诺完全没有胃口，平时最喜欢的鱼丸也一口没动。得知智佳是因为突然生病了要去大城市看病，又越发担心。雨诺感觉自己浑身没力气，双脚很沉，根本没办法集中注意力看书和学习。

　　下午是公布期中考试成绩的时间，当得知自己的数学成绩在班级排名倒数，又一打击袭来。自己明明已经很努力了，假期几乎没有休息，都在学习，每晚都做作业到很晚，但成绩还是如此不理想。雨诺不禁在想自己是不是真的不是学习的料，又想到爸妈可能又要批评教育自己，雨诺再也忍不住了，跑到卫生间大哭起来。

终于熬到放学，雨诺急匆匆地赶回家，想要第一时间找到妈妈拿到手机和智佳联系，想问她身体怎么样了，想问她为什么没提前和自己说，自己是她最好的朋友啊，想问她还会不会转学回来，以后还能不能再见……但是一开家门，房间里还是空空荡荡，妈妈值班还没回来，爸爸出差也没有回来。空荡荡的房间里，一股难以言喻的落寞和委屈袭来，雨诺再次流下了眼泪。

这一天都充满了曲折，似乎都没有开心的事，只有委屈、压抑，而这个时候最需要的爸爸妈妈却没有陪在身边，没有有力的肩膀依靠，没有安慰的话语支持，雨诺感觉好像被全世界抛弃：被最好的朋友"抛弃"，被学习"抛弃"，被爸爸妈妈"抛弃"……一种叫作悲伤的情绪蔓延全身，逆流成河。

悲伤是一种常见的情绪体验。一般认为，悲伤是由分离、丧失和失败引起的情绪反应，如故事中的雨诺，首先经历的是和朋友的分离，接下来数学成绩的不理想让她产生挫败感，还有没有得到生活中最亲密的父母的安慰和支持而产生的丧失感。悲伤层层叠加，最终造成情绪崩溃。我们常说某件小事是压垮骆驼的最后一根稻草，道理即在于悲伤情绪可能由很多小的事件叠加而产生，重大的事件冲击会带来悲伤情绪，小的不顺心的诸多事件的累积也会酝酿出悲伤情绪。

悲伤情绪可以表现出来，如流泪、大喊大叫、摔东西等；可以藏在眼神、动作和表情里，如迷茫、抿嘴、眼神无光等；也可以埋在心底，让人感觉胸闷、压抑，如一座大山压在胸口喘不上气。悲伤情绪是负性情绪，它可能会为悲伤者带来周围人的关注，使自己察觉到自我掌控的缺乏，从而产生求助于社会中其他人的需要，但持续的悲伤带来的更多是不良影响。

思考题

● 回顾你过去的时光，当你感觉到悲伤的时候，常常会有什么样的躯体表现？

● 当你出现悲伤的情绪时，什么人、什么做法会让你从这种状况中走出来？

小黑板敲重点

　　高强度、持续的悲伤对人的身体和心理是十分有害的。人在悲伤的情绪下，睡眠、饮食还有社交都会受到负面影响。睡眠上可能表现为睡不着、睡不踏实或者嗜睡；饮食上可能表现为食欲不振或暴饮暴食，如雨诺就表现为吃饭没胃口；而社交上往往会回避社交，或给周围人也带来压抑感受。悲伤的持续也可能会削弱人的身体免疫功能，带来躯体疾病的患病风险。因此面对悲伤情绪，及时地进行处理很重要，在后续章节会介绍情绪处理方法。而作为亲人好友，在发现周围人有持续的悲伤情绪时，适当的安慰和陪伴可能会帮助其走出泥淖。

第二节

阳光正好，花儿草儿也向我微笑

　　上周一的时候，妈妈说这周末若不值班就带雨诺去春游，这一周雨诺都在憧憬春游的事情，想着买水果、面包、薯片、蛋糕，要带好自己的小书包，顺便把自己的毛绒玩具牛牛带上。到了周末，妈妈终于不用值班了，而令人惊喜的是繁忙的爸爸居然也没有出差。于是一家人准备就绪，爸爸开着车，雨诺和妈妈坐在后排听着音乐哼着歌，美滋滋地去往公园春游。5月的天气不冷不热，阳光刚刚好，洒在身上暖洋洋的。到了公园，爸爸找了一块宽敞的草地，打开帐篷，摆好桌布，在上面铺满零食和饮品，一家三口围坐，惬意而舒适，一种久违的温暖萦绕周身。

　　雨诺今天穿的是爸爸之前出差时给她买的蓬蓬公主裙，粉粉嫩嫩的，早上妈妈给雨诺扎了两根马尾辫，可爱得像个小精灵。有大人带着同龄女孩路过时投来赞赏的目光，夸奖雨诺穿得漂亮，雨诺听了心里美滋滋的，脸上乐开了花儿。

　　午餐是妈妈早上准备好的寿司便当，鲜美的三文鱼附在表面，这是雨诺最喜欢吃的食物之一。一家人正吃着的时候，妈妈接到学校老师打来的电话，原来是雨诺上次的作文比赛得了最佳题材奖，老师特地打电话来表示祝贺。妈妈欣慰地道了谢之后，对雨诺竖起了大拇指，并和爸爸分享了这个好消息。看着爸妈布满阳光的脸庞，听着满是骄傲的话语，一股暖流从心底流淌而过。想起那些翻看书籍找题材和写作的夜晚和周末，雨诺觉得自己的努力没有白费，也重新找到了学习和写作的自信。

傍晚，雨诺一家收拾好行囊准备开车回家，结束一天的快乐时光。这时有位阿姨抱着小宝宝来求助，说等了很久没有打到车，眼看着天有些黑了，询问是否可以把她们送到附近的地铁站。爸爸妈妈欣然同意，将阿姨和她的小宝宝送到了地铁站后，阿姨连声道谢，而爸爸妈妈脸上也露出了笑容，帮助别人的感觉真好。

终于回到家，洗了个热水澡，喝了杯热牛奶，雨诺舒舒服服地进入了梦乡。虽然明天还要早起上学，但回想这一天的经历，连梦都是甜的。喜欢和爸爸妈妈一起春游，喜欢一家人整整齐齐，喜欢阳光正好，喜欢有好吃的好喝的好玩的，喜欢被夸奖的感觉，喜欢帮助别人……

我们都知道开心是种正向的情绪体验。开心有很多同义的词汇，喜悦、愉快、欢愉、欢快，等等。它是一种常见的情绪体验，每个人在过去的人生中都有过很多开心的事情和时光，乐观的人更容易记住那些美好的、愉悦的时刻。

如故事里的雨诺，爸妈答应自己的事做到了会开心；吃到好吃的会开心；一家人其乐融融在一起会开心；感到阳光温暖、花儿美丽、草地青翠会开心；通过自己的努力得到回报会开心；让父母感到骄傲会开心；帮助别人会开心；疲劳后得到充分休息会开心……开心的情绪要产生其实并不难，包括客观需要（如可口的食物、舒适的环境等）被满足和主观需求（如家人团聚、被他人认可等）被满足，主要看你是否愿意去发现。

- 回顾过去的时光，写下五个你印象最深的快乐瞬间，并写出是什么让你快乐。

- 当你快乐的时候，你的感受是怎样的？

小黑板敲重点

　　一般认为，开心是由团圆、获得和成功引起的情绪反应，和悲伤相对立。开心可以从各个方面带来好处，其身体感受是放松、轻盈、自在的；开心的情绪可以提高工作、学习、社交效率；开心可以提高味觉灵敏度，促进胃肠道蠕动，让食欲大开、让食物品尝起来更美味；开心的情绪可以让人更愿意和他人分享、激发说话欲望，继而正向影响社交。

第三节

愤怒是只大老虎

"明明我们说好了的，为什么你突然爽约？为什么不能提前和我说？你总是这样，我受够你了！"房间里，雨诺对着电话大吼，似乎和电话那端的人发生了很大的争吵。妈妈闻声而来，询问雨诺情况。原来，雨诺本来和好朋友慧慧约好今天出门看预约已久的漫展，为了这次看展，雨诺早早地就起床洗漱打扮，花了好一番心思，等快要出门的时候才得知慧慧临时有事被爸妈带去奶奶家。但慧慧没有及时告诉雨诺，她完全把这件事情忘记了。

"她就是没把我当回事，没把我们的友谊当回事，她已经不止一次这样了。"雨诺把原本背好的包一下子丢到床上，扯下头上的发卡扔在地上。这个发卡是慧慧送的，雨诺非常喜欢，但此时却觉得无比讨厌。看着雨诺大喊大叫的模样，妈妈连忙安慰雨诺："可能她真的有事情才被爸妈临时带到奶奶家，可能没有手机来不及和你联系，别气了别气了。""怎么可能，她要是真在意这次约定，怎么能连和爸妈要手机都办不到！借口！太过分了，我再也不想和她说话了！"说着说着，雨诺哭了起来……

漫展没看上，雨诺不知不觉睡着了。迷糊间被一阵咚咚声吵醒了。打开门，原来是慧慧！一瞬间，雨诺大喊："你来做什么？你既然不珍惜我们的友谊，就不要来找我了，我不想见到你……"经过慧慧的解释和道歉，雨诺了解到，慧慧知道自己去不了后本来是想要和雨诺说明情况并道歉的，但是中途因为学习的事情和爸爸妈妈大吵了一架，光顾着和爸妈赌气，就忘了向他们要手机打电话，因此也错过了第一时间和雨诺解释和道歉的时机。后来两个小姐妹约定去看以后的漫展，又变回亲密的小伙伴了。

愤怒是一种给人带来消极感受的情绪状态，一般包括敌对的思想、生理反应和适应不良的行为。它的发生通常是因为另一人被认为有不敬、贬低、威胁或疏忽等不必要的行动。比如故事中的雨诺，被好友爽约后，在和对方沟通时喊叫、质疑、摔东西，甚至哭泣，这些都是愤怒的表现。而多数人在愤怒情绪下会沉浸在自己的负性情绪旋涡里，很难听进去周围人的劝解，直到情绪风暴过去，才会逐渐平静，恢复正常的思考和判断能力。但事件引发者如果再次出现，则可能再次引发愤怒情绪。

愤怒是人的正常生理反应，它与人体的"战斗或逃跑反应"系统关系密切。这套系统帮助人类的祖先在野外环境对抗或逃脱敌害，许多动物也有类似的系统。人体在这套系统的驱动下超负荷运转，做好在瞬间"爆发"（反击或者逃跑）的准备，而愤怒的情感会激活这套系统。在愤怒爆发前，身体会给出一系列的信号，如果你能察觉到身体这方面的征兆，便可以设法在愤怒失控之前将其置于有效管理之下。

● 你是一个容易愤怒的人吗？你愤怒的时候都有哪些表现？

- -

- -

● 愤怒有没有让你获益的时候呢？愤怒的时候你有多大程度的自控力可以让自己快速平静下来？

- -

- -

小黑板敲重点

　　常见的身体对愤怒的反应有：脸色发红、身体出汗、胃部收紧、坐立不安、咬牙握拳、双肩发紧、呼吸变快、心跳加速、头胀头痛、眼白变红。而愤怒的危害包括：损害身体健康、损害人际交往、损害事业发展。因此，识别愤怒情绪并避免愤怒情绪持续过久，是我们需要去学习和掌握的技能，这部分内容在本书的后续章节会具体介绍。

第四节

胆小与束缚，害怕与枷锁

情绪
故事

　　今天的作业有点多，有几道题雨诺琢磨了很久都没有做出来，但是又不甘心，经过不断尝试，终于搞定了！一抬头，外面天已经黑了。想起妈妈上班前的叮嘱，说今晚她值夜班，不能接自己放学，雨诺赶紧收拾了书包。外面已经漆黑一片，路灯的灯光摇曳。走到一条小路上，雨诺感觉身后有个黑衣男人一直跟着自己。雨诺不由得加快了步伐，但是后面的男人似乎也加快了步伐。路上行人寥寥无几，昏暗路灯下，雨诺感觉浑身冒出了冷汗。想到新闻里的拐卖儿童事件，一股寒意涌上心头。雨诺背好书包，跑了起来，手心里都是汗，不禁责怪起自己不该这么晚回家，也开始责怪起妈妈没办法来接自己。一路小跑，雨诺感觉自己额头满是汗水，风一吹倍感冰凉，后面的陌生人似乎和自己拉开了距离。好在终于看到小区的大门了，直到回到家，关上门，锁好门窗，雨诺悬着的心才终于放下。她赶紧打电话给妈妈，带着哭腔和妈妈说了刚刚的事情，妈妈安慰了雨诺，并叮嘱她以后早点回家。雨诺按照妈妈的嘱咐，洗了个澡，喝了杯热牛奶就上床睡觉了。但是她一夜都没睡好，做了好多噩梦，好几次从梦中吓醒，真是个可怕的夜晚。

恐惧是从种系进化而来的最原始的情绪之一，是一种人类及生物心理活动状态。它是人们企图摆脱、逃避某种危险情境而又苦于无助的一种基本情绪。早期人类在遭遇自身生存的威胁，如自然灾害、野兽的侵袭、疾病、死亡等情境，感觉无能为力时，就会产生恐惧。随着人类社会的发展，我们很少面临原始人类那样关乎生死的遭遇，但恐惧情绪在进化的过程中仍然保留了下来，且呈现多样化：如不安、焦虑、紧张、惊慌、畏缩等。

恐惧情绪和生活密切相关，很多情境可以引起恐惧情绪，如巨大的声响、陌生的环境、突如其来的可怕事物、瞬间变暗的房间、身临其境的噩梦等。很多特殊场景，如看到教室后窗班主任严肃的脸、面对愤怒的父母、夜晚发现有尾随自己的陌生人、密室逃脱，也都可以引起恐惧情绪。

当处于恐惧情绪中时，我们的身体会出现一系列反应，如肌肉紧张、发抖、心跳剧烈、口渴、出汗、起鸡皮疙瘩、汗毛竖立、血压升高、神经质发抖等，严重时可能会表现出激动不安、哭、笑、思维和行为失控，更有甚者会出现暂时的晕厥和休克状态。

故事里的雨诺在天黑后回家的路上，面对尾随自己的陌生人，联想到既往的新闻，而出现恐惧与害怕情绪，表现为出冷汗、心慌、肌肉紧张，直到回到自己熟悉的安全的环境和氛围，由熟悉的人给予安抚，她的恐惧情绪才减少或消失，但恐惧情绪却在梦中再次出现，甚至干扰到睡眠。

一般情况下，在刺激事物或事件消失后，恐惧不会持续很长时间，对人的影响也会随着时间的推移逐渐减少或消失。但如果遭遇某些重大事件，处于恐惧情绪中长期无法逃离或减轻，则会对我们的身心健康构成巨大的威胁。

首先是身体紧绷无法放松，神经高度紧张，感觉头痛、压抑、心慌、手抖等，严重时影响睡眠，造成入睡困难、睡眠容易觉醒或惊醒、做噩梦导致睡眠质量下降；其次可能产生预期性焦虑，导致注意力不集中、理解能力下降、效率降低，从而影响人的工作状态，甚至产生抑郁情绪；再次，长期处于恐惧、害怕的情绪中，还可能会降低机体免疫力，出现头痛、头晕、心烦、恐慌等症状表现，有时还会伴有恶心、呕吐等。长此以往，多种疾病的患病风险会上升，如心脑血管疾病、糖尿病、胃肠疾病、内分泌系统疾病，等等。

当然恐惧情绪也有一定的好处，比如可以提高自身的警觉性，让身心处于戒备状态，提高应对危险的敏捷性，并促使自我快速找到逃离恐惧事物的方法和途径。比如在这个故事里，恐惧让雨诺加快了回家的脚步甚至小跑起来，最终成功逃离陌生人的尾随。

● 从小到大，你有特别害怕的事物吗？是什么？你面对它时有什么感受？

● 当你觉得恐惧时，什么人、什么事能给你帮助和安抚？

小黑板敲重点

    当我们了解什么是恐惧心理，并能够及时自主识别恐惧情绪，就为应对和处理恐惧情绪打下了基础，迈出了第一步。关于恐惧情绪的应对方法在后续章节将给予具体和详细的描述。

第五节

焦虑是只磨人精

情绪
故事

　　离开学的时间只剩下1周了，雨诺的寒假作业还剩下一大半没写！看着成堆的卷纸，雨诺感觉到前所未有的压力，着急得只想哭，埋怨自己太懒惰，玩得过头没有做好假期计划。早上起不来但又被妈妈催促着写作业，雨诺只觉得心情烦躁，最爱吃的牛肉汉堡也吃不下，她匆匆地喝了杯牛奶就赶紧回屋写作业了。但似乎时间越紧作业越和自己作对，这道题不会做，那篇阅读理解看了很久都没有头绪，一股焦躁涌上心头，演算的草稿撕了一张又一张。雨诺感觉有点胸闷，起身推开了窗户，但一想到回校后班主任那张严肃的脸和可能因为没有完成作业要面临的各种批评，雨诺就一阵烦恼。开学后还会马上进行摸底考试，一想到这点，雨诺这几个晚上都翻来覆去睡不着，白天感觉浑身疲惫，顶着大大的黑眼圈。

　　……

　　一眨眼，今天就是开学的日子了，雨诺的语文作业还有好几张卷子没做完。课堂上，课代表催促大家交语文作业，雨诺只好硬着头皮心虚地拿出作业本。从上交那一刻开始，雨诺一直心绪不宁，紧张不安，反复想着语文老师会不会很仔细地检查，会不会责骂自己，会不会给自己平时成绩打低分，会不会……总之，这一上午，雨诺一直在胡思乱想，无法集中注意力，甚至看到语文老师的身影不禁手心冒汗。下午在语文课堂上，老师说：大家作业完成得都还可以，但个别同学完成质量不高，希望以后能有所进步。雨诺松了一口气，老师没点名批评，也没追究，但同时雨诺也暗暗下了决心：以后还是要尽早完成作业，不要等到快开学再进行，太煎熬了。

……

明天就是摸底考试了。教室里气氛严肃，大家都在紧锣密鼓准备明日的考试。雨诺也在看着以前的错题本，但越是着急越是记不住，错题本被翻得哗啦响，在寂静的教室里显得格外清晰。"考不好该怎么办？老师会不会觉得我很差？爸妈会不会怪我、对我失望？我要不要今晚熬个通宵复习？还有好几本习题集没看完怎么办？万一出了这上面的题怎么办？……"雨诺心急得像热锅上的蚂蚁，而大脑里好像又有好多小鹿，不断地跳来跳去，完全无法安静下来。

晚餐很丰盛，可是雨诺想着自己还没看完的几本习题册，根本没有胃口。晚餐后，她一心想摊开练习册复习，但心里又念着明天的考试，焦躁不安，错题是一道都没有看进去。晚上，雨诺又失眠了，翻来覆去睡不着，好不容易睡着了，却梦到自己考试迟到了，还找不到考场，醒来发现自己急出了一身汗。

……

终于考完了！雨诺走出考场那一刻，松了口气，尽管不觉得自己考得很理想，但那种为准备考试而紧绷的心放松了一些。一阵微风吹来，凉凉的，"管他呢，我尽力啦！"雨诺在心里大声地对自己说，然后大步迈上回家的路。

焦虑是因对亲人或自己生命安全、前途命运等过度担心而产生的一种烦躁情绪，其中含有着急、紧张、恐慌、不安等成分，它与危急情况和难以预测、难以应付的事件有关。如故事里的雨诺在面对重要的考试时，就出现了焦虑情绪，表现出心慌、心烦、胡思乱想、紧张不安，而身体表现可以是来回踱步、抖腿、咬指甲、抓头发、出汗、面色潮红等；往往在事过境迁后，焦虑可能就会解除。如考试结束，雨诺顿时感觉轻松很多。

焦虑可以分为现实性焦虑和病理性焦虑两种。现实性焦虑是一个人在面临其不能控制的事件或情景时的一般反应，它所表现的是对现实的潜在挑战或对威胁的一种情绪反应。其特点是焦虑的强度与现实的威胁的程度相一致，并随现实威胁的消失而消失，因而具有适应性意义。对雨诺来说，考试，尤其是假期后的第一次摸底考试，关乎自己的毕业成绩、老师对自己的印象，而雨诺对自己的高要求、父母对雨诺的高期待也是雨诺重视这次考试的原因。因此，比起这之前的普通考试，雨诺的焦虑程度显然更高，反应更强烈。而当现实事件得到解决后，如考试顺利结束，现实性焦虑很大程度上就会减轻或消失。

现实性焦虑是人类适应和解决问题的基本情绪反应，是人类在进化过程中形成的一种适应和应对环境的情绪和行为反应方式。适度的焦虑对人的机体是有益处的，它有利于个体动员身体的潜能和资源来应对现实的威胁，能够提高自身的反应力和应对事件的能力，如面对次日考试，原本懒惰的雨诺会开始加班加点看书，爱迟到的她次日会按时或提前起床以免错过考试。当然过度的或长期的焦虑也会对人的身体和情绪造成严重的伤害，比如让雨诺胡思乱想难以静心看题，让雨诺失眠、做被追赶或迟到的梦等。

病理性焦虑则是指持续地无具体原因就感到紧张不安，或无现实依据地预感到灾难、威胁或有大祸临头的感觉，伴有明显的自主神经功能紊乱及运动性不安。焦虑者往往会感受到更强烈的不舒适感，会莫名其妙地心慌、胸闷、手抖、出汗、皮肤紧绷、腹泻、腹胀、打嗝、吞咽口水……感觉可能会有灾难发生，甚至会有濒死感。若发作频繁，程度加重，持续无法缓解，或通过自我调节也无法克服，则需要到专业的精神科或心理科就诊进行干预。

- 你是一个容易感到焦虑的人吗？一般什么事情能引起你的焦虑？

- 焦虑不安的时候，你会做什么？你曾经尝试过什么方法让自己放松下来呢？

> **小黑板敲重点**
>
> 现实性焦虑和病理性焦虑的处理方法不尽相同，之后会在本书的其他章节讲述具体的缓解和干预方法，比如放松训练、自我关照法等。去寻找和学习一种或几种对自己有效的放松和摆脱焦虑的方法，这对你整个人生来说都将是一笔财富。

第六节

从满心欢喜，到厌恶异常

少男少女的心事，总在春雨绵绵、夏花朵朵、秋风习习、冬雪皑皑间萌生、发芽、开花。这个假期，雨诺变得跟以前不一样了，比以前更爱美了。她的脸上总是洋溢着笑容，每天早早地就起床了，换上自己喜欢的小裙子，还精心挑选自己喜欢的发饰，有时候还会看着手机傻笑。妈妈觉察到了雨诺的变化，怀疑她恋爱了。一开始雨诺还扭捏地不肯承认，后来在和妈妈的交心中，雨诺说班里有个男孩每天都送自己一个棒棒糖，会经常和自己聊天，体育课也和自己一组，常常一起玩。有一天男孩发信息说喜欢自己，雨诺虽然觉得很不好意思，但是却有一丝甜蜜涌上心头。当假期收到男孩送自己的第一束花时，雨诺能感受到内心如小鹿乱撞。看着男孩一脸阳光的模样，雨诺发现自己也很喜欢他。说到这，妈妈问雨诺："你知道喜欢是什么吗？"雨诺思考了一下，然后一脸认真地说："我理解的喜欢大概就是看到他会不自觉地笑，有好吃的会想要第一时间给他吃，有好玩的事会想要和他分享，想要一起学习，想要一起放学，想要手拉手在操场散步。当然学校不允许啦，还有就是见到他，会开心，会满心欢喜。"妈妈看着雨诺，说道："妈妈不会阻止你去喜欢别人，因为学生时代的感情很珍贵，但你要保护好自己，无论是情感还是身体。"

......

假期一晃而过，这几天雨诺晚上总是晚睡。一天半夜，爸爸出差回来，听到了雨诺房间里传来抽泣声。爸爸问雨诺怎么了，但雨诺不说话，只说没什么。几天后雨诺的房间里传来争吵声，声音越来越大，最后是雨诺重重地挂掉电话，然后大声哭泣。父母在房间外敲门，但雨诺不开门，妈妈只好等雨诺情绪平静后再请雨诺开门。打开门，雨诺扑进了妈妈的怀里。

妈妈问雨诺，争吵的原因是什么？雨诺说之前都是小的事情，比如我们喜欢喝的奶茶口味不同，比如我喜欢吃辣的他不能吃，但我忍受不了他越来越多地撒谎，直到今天我发现他每天给其他的女孩买巧克力，买了一周⋯⋯我问他他还不承认，但他不知道那女孩无意间和我说过了。我看着他撒谎的嘴脸，真的觉得好难看。想到他以前的撒谎经历，一瞬间，我一点都不喜欢他了，甚至还很厌恶，不想再跟他有任何联系。

情绪是复杂的，每个人都会经历各种各样的情绪；情绪也不是一成不变的，它可以随着生活事件、身体状况、天气温度湿度等变化。而情绪的变化可以是一段时间逐渐累积后的变化，也可以是主观上一瞬间的变化。了解情绪的复杂性和多变性，并为此做好准备非常重要，这样做可以帮助我们更加了解自己的情绪反应模式，并在经历各种压力情境和情感的暴风骤雨时，做好情绪调节和管理。

- 你是一个情绪变化很快的人吗？

- 面对一个情绪波动很大的孩子，你会怎么做？可以采取哪些具体的措施？

小黑板敲重点

  影响情绪变化的因素很多，如：家庭支持，即父母、兄弟姐妹等亲人的支持、关怀、理解；性格因素，如偏执型人格更容易钻牛角尖，多愁善感性格特质的人更容易万事往坏处想，而急性子人更容易情绪快速转换，可能一点事情就能引起较大的情绪变化和波动。

正面的因素会引起积极的情绪，而负面的因素过多就会引发消极的情绪。因此我们在干预和调节情绪时，就可用到自我舒缓和关照法。比如，创造类自我关照策略：写作、绘画、作曲、化妆、学习新技能等。舒缓类自我关照策略：洗个热水澡、换上舒适的衣服、喝杯热牛奶、按摩、看电视或电影等。整理类自我关照策略：整理衣柜、打扫、收拾等。社交类自我关照策略：和朋友通电话、和朋友外出、参加志愿活动、去公共场所、和宠物玩等。保健类自我关照策略：跑步、跳舞、大声喊叫、撕东西、吃味道浓烈的食物（比如火锅）等。青少年和家人都要创造更加丰富的自我关照策略，以帮助其驾驭强烈的情绪波动，相信每个人都能找到适合自己的自我关照策略。

第七节

情绪分好坏吗？

　　班级的"小霸王"洋洋老是欺负雨诺，前几次雨诺都是忍耐着，不想和他争吵，也打不过他。但是雨诺发现洋洋越来越过分，一天趁着雨诺上课间操的间歇，洋洋把雨诺早上打好的热水偷偷换成了凉水，被回来拿发卡的雨诺当场发现。洋洋不但没道歉，还一脸无所谓地说不就开个玩笑嘛。雨诺非常委屈和生气，但好脾气的雨诺还是忍住没有和他争吵。直到有一天，趁着雨诺上卫生间，洋洋把水银温度计扔到了雨诺的热水壶里，幸好又被雨诺发现，否则多么危险！雨诺简直不敢想，要是晚上她喝了这壶里的热水会发生什么后果。于是愤怒的雨诺不再像以前那般软弱，而是冲上前去大声质问洋洋的"恶行"，并让洋洋道歉，否则就告诉老师和家长，还举起水壶作势要扔向洋洋。第一次见到本来温顺如小猫的雨诺这般表现，愤怒、生气、大喊，洋洋吓到了，赶紧向雨诺道歉，并承诺以后再也不捉弄和欺负雨诺了。

　　我们都知道，快乐、欢喜、开心、喜悦这些情绪让人身心舒适、动力满满，所以大家更喜欢这样的状态；悲伤、沮丧、不开心、失落则相反，让人身心疲惫，失去力量，行为受阻，所以几乎没有人会愿意在这样的情绪里沉溺；而愤怒、急躁、发脾气则容易给人带来麻烦，往往在经历了愤怒后，很多人又会后悔和沮丧。

但情绪真的有好坏之分吗？当然没有！实际上，情绪本身并没有积极和消极之分，每种情绪都是人的本能，所有的情绪都在传递着信号，也都有存在的积极意义。我们口中所谓的负面情绪，也有其积极意义，如"悲伤"，可以让我们表达思念，激起他人的关心和关爱，获得更多的社会支持；"愤怒"可以让我们的意见被他人看见，让我们更有力量去反抗，去为自己争取权益，也会在危机时刻保护自己；而"恐惧"则向我们传达了"危险"的警示信号，让我们更好地自我保护。

故事中的雨诺用愤怒保护了自己，所以愤怒带来的不仅有破坏，有时候也会让我们充满能量。而我们心中的"好情绪"也可能会带来麻烦，像喜悦的情绪有时会让我们主观上忽视某些事件本身的危险性和不合理性，不经考虑就轻易行动或承诺。比如雨诺妈妈今天被领导夸奖了，回到家，雨诺看着妈妈开心的模样，请求妈妈给自己买一个平板电脑，妈妈很爽快地就答应了。但实际上，平板电脑对现在的雨诺来说更多的用处是打游戏、聊天和看综艺。之前雨诺说了很多次，妈妈因为担心会影响雨诺学习没有答应，但这次在开心情绪的渲染下，加上雨诺声情并茂的请求，妈妈轻易地就答应了她。尽管后来妈妈后悔了，但因为要给孩子做遵守承诺的榜样，只好咬牙买了。

如今，随着学习压力、社会压力、家庭压力的增多，很多青少年会向心理医生发来求助：我怎么都开心不起来；我总会烦躁不安；我会控制不住自己的脾气；我每天都哭泣，觉得活着没有意思；我和爸妈相处不好；我不知道怎么和同学相处；我学习压力大睡不着，或者每天都很困……最了解我们的肯定是我们自己，而最先能感受到情绪变化的也是我们自己。情绪的高频波动或者持续的负性改变会给个体带来不适感受，但也是一种求助信号，是身心向大脑发出的求救信号，也是向周围可提供帮助的人比如父母、朋友、同学、老师，甚至心理治疗师、心理医生等发出的求助信号。这种信号可能想表达自己想要陪伴、想要照顾、想要更多的理解和关怀；也可能是表达自己对目前状况、目前生活状态的不满，对亲密关系如和父母、和同学老师的关系的不满。所以，情绪是一种表达，是内心向外界的一种表达，每种情绪都有它的功能，或求助、或传递、或展现、或奖赏、或批判，从这个角度来看，情绪没有好坏之分，只有功能之分。

无论是青少年还是家长，遇到情绪变化或波动、遇到负面或正面情绪时，识别情绪都是管理情绪的第一步。此时此刻，你的情绪是怎样的呢？

雨诺　我就是觉得很生气，又很委屈啊，为什么约好了但还是会爽约呢，难道不是她不在乎我们的友谊吗？

妈妈　诺诺，我知道你现在很愤怒，也很难过。为了你们的这次约会，你花了很多心思，每天都省下自己的零花钱，今天还早早地准备好，特意洗了头，换了新衣服。你是一个很守信用的人，所以也希望别人能做到这一点。我能感受到你对这次聚餐的重视和期待，也正因为这样，所以当知道被爽约后就会很生气，而且还是你最好的朋友。

雨诺　对啊妈妈，我一直把她当成我最好的朋友，所以我生气，也很难过，我觉得她不重视我……

妈妈　是的，诺诺。妈妈能感受到其实愤怒只是外在的，你内心难过的成分更多，而这些难过的情绪出现也是因为你重视你的好友。要换作无关紧要的人，你可能只会觉得生气，以后不理她就好了，对吗？

雨诺　对的，妈妈。所以我想不通，也不知道该怎么办，心里觉得委屈。

妈妈 嗯嗯，妈妈能理解你的心情。妈妈问你，在这件事发生之前，你和慧慧的关系是不是一直很好？你们在一起快乐吗？

雨诺 是的，妈妈。我们是最好的朋友，每天都一起玩，一起学习。

妈妈 那既然你们都是对方的好朋友，出现爽约的事情，你是不是该询问一下理由呢？如果是误会了对方怎么办呢？毕竟友谊是不会一天就变了的，是不是？

雨诺 嗯，是啊，我当时只顾着和她生气了……

妈妈 没关系，我们在愤怒的时候大脑往往会暂时失去判断的能力。所以，现在冷静下来后，妈妈建议你还是要问一下慧慧，也表达你的需求，告诉她你在意承诺的事情，并把你的期望说出来。如果她有充分的理由，妈妈希望你们能说开并和解。

雨诺 我知道了，妈妈。

第二章

情绪都和哪些因素相关？

情绪是天生的，是与生俱来的。我们的情绪可以通过面部表情——展现，如微笑、皱眉、怒视，或通过其他特定的、易辨识的表情显现出来；情绪也可以通过我们的声音显现出来，如大笑、喊叫或者哭泣；身体的姿势同样会泄露我们的情绪，如每一个手势和无精打采的站姿。这样的情绪观已经深入我们的社会文化中。在美国职业篮球联赛（NBA）选拔赛中，密尔沃基雄鹿队通过运动员的面部表情评估其心理、性格、品质问题以及团队配合能力。一些智能终端也能通过识别人类情绪，调整屏幕色温，与人类进行情感交流。

情绪的产生有生物学基础，大脑的杏仁核与内侧前额叶的神经活动在情绪产生和发展中扮演着重要的角色，包括情绪学习和情绪调节。动物研究表明，内侧前额叶的功能与结构发育均迟于杏仁核，并且早期由杏仁核投向前额叶，这种投射被认为是一种"自下而上"的投射。随着内侧前额叶的发育，逐渐形成前额叶向杏仁核的投射。这种投射方向的改变，预示着儿童向成年人的过渡，也预示着儿童青少年大脑由"自下而上"转变为"自上而下"的加工。

那情绪反应在大脑中是如何产生的呢？如果我遇到开心激动的事情，一组特定的神经元——可以称之为"情绪回路"——被激活，会导致我的表情和身体动作以特定的方式做出反应，如眉目飞扬、步伐轻快，甚至哈哈大笑。这个回路也会引起我的生理变化，导致我的心率和呼吸加速，汗腺分泌活跃，血管收缩。在我们的大脑里有很多这样的情绪回路，每一个回路都会导致一组独特变化，即一个情绪"指纹"。也许某个讨厌的人会触发你的"愤怒神经元"，于是你就会血压升高、皱眉、大喊、愤怒异常。而一条令人惊恐的消息则有可能触发你的"恐惧神经元"，然后你会心跳加速，浑身僵硬，瑟瑟发抖。我们能非常清楚地感受到愤怒、高兴、惊喜以及其他情绪反应，而且这些情绪状态很容易识别。

情绪反应受我们的认知和我们对世界、自己、他人及未来感知的调节和影响。改变对某一对象、事件和情景的评价能改变相应的情绪反应。因此，我们的情绪也随我们对世界理解的变化而不断发展。发展心理学认为婴儿出生时具有怕、怒、爱三种不需要学习的情绪，这三种基本情绪通过一些无条件刺激就可以自然地引发，如惧怕可以由两种无条件刺激引起，即大的声音和身体突然失去支撑。而其他情绪的形成和发展都是在这三种基本情绪反应的基础上建立起来的，都是通过不同形式的学习产生的。表2-1所示为人类早期情绪发展的分析。

长期的异常情绪会导致疾病。情绪反应会消耗我们身体的能量，以应对可能发生的社会事件。我们的大脑每天都在不断地预测可能消耗的能量，如考试或上台发言前，我们会心跳加速、呼吸急促，这就是大脑激活了"情绪回路"，给我们的身体热身。但如果我们长期处于异常情绪中，比如焦虑、抑郁等，大脑预测就会失准，能力就会白白丧失，身体长期处于"失能"的状态。这种状态下，我们会记忆力减退，无法集中精力，无精打采，什么都不想做。

表2-1 人类早期情绪发展

情绪类别	最早出现时间	诱 因	经常出现时间	诱 因
痛苦	出生后1～2天	机体生理刺激	出生后1～2天	同前
厌恶	出生后1～2天	不良味刺激	出生后3～7天	同前
兴趣	出生后4～7天	适宜光、声刺激	3～5周	适宜的光、声或运动物体
愉快	3～6周	高频语声和人的面孔刺激	2.5～3个月	人面孔刺激或面对面玩耍
愤怒	4～8周	持续性痛刺激	4～6个月	同前以及身体活动持续受限制
悲伤	8～12周	持续性痛刺激	5～7个月	与熟人分离
惧怕	3～4个月	身体从高处突然降落	7～9个月	陌生人或新异性较大物体刺激
惊奇	6～9个月	新异刺激突然出现	12～15个月	同前

第一节

大脑与情绪

情绪
故事

　　皮克斯公司的电影《头脑特工队》中，11岁女孩莱莉的大脑内部有五个情绪小人——喜、怒、哀、惧、厌，每个情绪小人都有自己鲜明的性格特点。乐乐（喜）总是保持着积极向上的情绪，乐观开朗，在莱莉面对困难时她总是会努力赶走不好的情绪；与之对应的忧忧（哀）看上去则更像是一个水滴，性格也较为怯懦消极，不愿走出舒适区，但是她稳重踏实，愿意去聆听安慰别人；怒怒（怒）脾气特别不好，一有什么让他生气的事情他的脑袋就会冒火，他还是个急性子，什么事情都要为莱莉争取到最好最公平的结果才行；怕怕（惧）看起来就比较胆小、敏感，时刻评估可能出现在莱莉身上的危险；厌厌（厌）则对莱莉接触的各种事物都保持谨慎的态度，她代表了莱莉厌恶的情绪。或许他们有着不同的性格设定，但是有一点是相同的：为了让莱莉更好地适应这个世界。

情绪在我们的大脑中是怎么产生的呢？

首先让我们看一下下面这张图片。

图2-1　猜猜这是什么？

如果你是第一次看到图2-1，一定会苦思冥想，想搞清楚图片里到底是什么。因为这张图片对你来说很陌生，你的大脑不断地筛选着你过往见过的东西与这张图片进行比对，但一无所获。与此同时，你的大脑也不会对这张图片做出情绪反应，此时你处于情绪体验的盲区。

现在，请翻到P056图2-3，再返回看这张图片，你就会发现这张图片对你来说不再是毫无意义，你出现了情绪体验。

你的大脑里发生了什么？你的大脑从完整的图片中提取到了信息，结合以往的经验，把这张图片构建成了你熟悉的物体。当这张图片被大脑赋予意义之后，大脑会产生模拟想象，结合你对老鼠的认知，比如"下水道""细菌""咬人"等，指导你的身体产生相应的情绪反应。

在电影《头脑特工队》中，情绪小人可以通过中央控制台来控制莱莉的情绪，那现实世界中，情绪是受我们大脑的什么部位控制呢？情绪与大脑的很多脑结构有关，其中最主要的是边缘系统，这一系统又称为情绪中心、情绪放大器或情绪调节器。边缘系统包含了很多脑结构，如海马、海马旁回、杏仁核、扣带回、齿状回等等，并与其他脑结构发生广泛的联系。边缘系统中和情绪最相关的结构是杏仁核（见图2-2）。它位于大脑的深部，在侧脑室下角前端的上方，海马旁回钩的深面，是我们情绪产生的"指挥官"。正面情绪主要与多巴胺神经元兴奋性水平有关，而负面情绪主要与杏仁核有关，特别是与恐惧、焦虑、警觉和攻击行为密切相关。

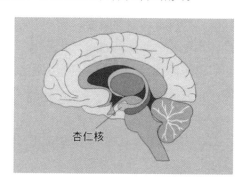

杏仁核

图2-2　大脑中的杏仁核

当我们产生一种情绪的时候，杏仁核会用过去的经验与我们刚刚接收到的情绪相匹配，从而引发和过去一样的行为。比

图2-3 对比图

方说生气的时候口吐恶言，快乐的时候喜笑颜开，悲伤的时候痛哭流涕，这些模式化的情绪反应都是杏仁核的功劳。

除了杏仁核，大脑里还有一个部位叫内侧前额叶。它是大脑的中枢系统，掌管着人的理性部分，承担着分析决策的重任。当我们接收到外部信息时，我们的神经系统会把这些信息传递到内侧前额叶，它对信息进行全面分析，最后做出理性的判断，再传递给杏仁核，产生理性的情绪反应。但有时候神经系统会"走神"，在把信息传递到内侧前额叶的过程中，一些神经信号直达杏仁核，从而激发出本能的、非理性的情绪反应。这就是我们有时情绪失控的原因。

大脑与情绪的发展

虽然感受情绪、产生情绪对现在的我们再寻常不过，但经验告诉我们，情绪的获得并不是一蹴而就的，就像智力、感知、意志，都是从婴儿时期逐步发展后获得的。同样，我们从出生开始并没有拥有现在所知的所有情绪，而是在早期的生活体验和互动中，伴随生理的发育特别是大脑的发育而逐步获得的。就像影片《头脑特工队》中一开始只有乐乐独自在控制，而随着莱莉的逐步长大，操控中央控制台的情绪也越来越多。那我们的情绪是如何发展的呢？

研究发现，出生后1～5天的新生儿即可识别包含不同情绪的声音，5个月的婴儿即可对情绪面孔做出特异的反应，7个月后即可通过声音和面孔区别不同情绪。此外，婴幼儿早期还会出现情绪共情能力，即感知他人的情感状态，并使自己产生类似情绪感受的能力，比如婴儿听到哭泣声也会开始哭泣。

进入儿童期之后，大脑发育逐渐变得复杂，并逐步开始两性分化。女孩在学前阶段即表现出更高的亲社会性和共情能力，也普遍有更好的社交能力和对他人意图的理解能力。不同性别个体的杏仁核与海马体发育轨迹也不同，女孩的大脑总体积更早地达到顶峰，但男孩的杏仁核与海马体体积持续增长，贯穿整个青少年期，且体积显著大于女孩。女孩的杏仁核体积在加速增长到达顶峰后即开始下降。因此在儿童后期，女孩更易受到负面情绪的影响，情绪障碍的发病率也更高。

不同于婴儿期的情绪共情，儿童会表现出认知共情能力，对生活事件有自己的理解和情绪体验。但由于儿童青少年大脑发育不均衡，加之内分泌系统的剧烈变化与性成熟，情绪反应不稳定且脆弱。儿童青少年若长期经历负性情绪事件，大脑长期暴露于"应激激素"的影响下，会导致长期无力感、兴趣缺乏，对上学等社交活动的主动性下降，回避学习或养成不良的成瘾行为，比如游戏成瘾、吸烟等。

综上所述，儿童青少年期是身心发展的高速时期，大脑和内分泌系统的发育也处于变化与重组的阶段。同时儿童青少年期也是学业发展的关键时期，处理好压力带来的负性情绪将有利于其学业发展，也能提升竞争条件下儿童青少年的心理健康水平。

● 试想一下，当你出现不开心的情绪，这种情绪在你的大脑里是怎么产生的？

小黑板敲重点

　　儿童期的情绪发展非常关键。3～6岁学龄前时期是情绪迅速发展的关键期，由于幼儿自身情绪的调节能力还很弱，易出现情绪不稳定甚至情绪问题。如果在这个时期给予孩子一些相关的训练及正确的指导，培养情绪方面的能力，就可以达到事半功倍的效果。

第二节

身体与情绪

情绪
故事

晓雯是本市某重点中学的学生，在小学时学习成绩一直不错，可是上了重点中学以后却变得成绩平平。虽然知道能考到这里的同学都是各小学的佼佼者，但晓雯还是不甘心自己如此平庸。随着时间的推移，班上一些学习成绩优秀的同学形成了一个圈子，他们在班上的各项活动中都表现得比较活跃。晓雯很羡慕这个圈子，也很想融入，但却融不进去，于是她下定决心要刻苦学习、提高成绩。可是，尽管自己几乎把所有时间都投入到学习上了，却没有取得明显的进步。渐渐地，她对自己失去了信心，注意力越来越不集中，学习压力也越来越大。同时，她在学校也变得不爱和别人交往，担心别人嘲笑自己笨，学习刻苦却成绩不好。每个假期对她来说都是一种解脱，但一想到要开学了，就觉得胸闷、心慌、透不过气来、手脚冰凉、手心出汗，甚至有很强烈的休学在家的念头。晓雯知道这是逃避，这个想法是不现实的，但是却说服不了自己，内心感到痛苦。

情绪的外在表现

我们已经知道情绪在大脑中是如何产生的，那情绪是怎样通过身体体现出来的呢？本章第一节讲过，杏仁核会发出命令让我们的身体表现出符合自己情绪的表情和行为，快乐的时候喜笑颜开，悲伤的时候痛哭流涕。当我们还处于婴儿时期，就已经可以对不同的表情和语气做出相应的反应，但对语言却无法做出相应的情绪回应。也就是说，当我们对婴儿微笑着说出严厉的话时，婴幼儿依然会表现出亲昵的举动；而当我们用严肃的、生气的语气说出关心的话语，他们反而会出现回避行为。所以，身体对情绪的外在表达中最主要的就是表情。

人脸不同部位的肌肉具有不同的表情作用。眼睛肌肉对表达忧伤最重要，口唇附近的肌肉对表达快乐与厌恶最重要，而额头能提供惊奇的信号，表达愤怒情绪则需要运用到面部大部分的肌肉（见表2-2）。

达尔文在《人类和动物的表情》一书中指出，现代人类的表情和姿势是人类祖先表情动作的遗迹，这些表情动作最初具有适应意义。例如，愤怒时咬牙切齿、鼻孔张大的表情是人类祖先在行将到来的搏斗中的适应动作。正因为表情有其生物学根源，所以，许多最基本的情绪，如喜、怒、哀、惧等原始表情是具有普遍性的。

美国心理学家保罗·艾克曼在1972年赴新几内亚的丛林部落，研究不同文化下面部表情的共通性。研究发现，丛林部

表2-2　不同情绪的表情

情　　绪	面　部　模　式
兴趣	眉眼朝下、眼睛追踪着看、倾听
愉快	笑、嘴唇朝外朝上扩展、眼笑（环形皱纹）
惊奇	眉眼朝上、眨眼
悲痛	哭、眉眼拱起、嘴角朝下、有泪有声音的啜泣
恐惧	眼神发愣、脸色苍白、脸上出汗、发抖、毛发竖立
羞愧－羞辱	眼角朝下、头低垂
轻蔑－厌恶	冷笑、嘴角朝上
愤怒	皱眉、眼睛变狭窄、紧咬牙关、面部发红

落几乎与外界很少接触，没有被外界文化所影响。他要求受访者辨认各种面部表情的图片，并且要用面部表情来传达自己所认定的情绪状态，结果发现某些基本情绪（快乐、悲伤、愤怒、厌恶、惊讶和恐惧）的表达在两种文化中都很相似。看来，不同文化背景下基本情绪的表达似乎是共通的。

现实世界里，表情是不可能孤立呈现的，常常伴随着相应的躯体变化，包括姿势动作和语音语调的变化。事实上，姿势传递的情绪信息往往比表情传递的信息更为丰富。比如遇到危险时，害怕的表情传递了危险的信号，但未提供危险来源或处理方式。但害怕的姿势不仅表明了危险的存在，还表现出回避、退缩等行动指示。我们生活中经常会用姿势动作表达情绪，就像微信的表情包中，鼓掌表示开心，眉毛倒竖代表生气，搓手表示焦虑，垂头代表沮丧，摊手表示无奈，捶胸代表痛苦。另外，语音语调也能表达情绪。人在高兴时音调轻快，悲哀时音调低沉、节奏缓慢，愤怒时音量大、急促而严厉。同样一句话用不同的方式讲出来则会表现出不同的含义。例如，"你干吗"用升调说出来时表示疑问；用降调则表示不耐烦；用感叹语气强调"吗"字则表示责备。

情绪对身体的影响

情绪通过身体进行表达，自然也会对身体产生影响。比如开心的时候觉得步履轻快，精神百倍，难过的时候垂头丧气，无精打采。上面故事中的晓雯因为学习压力大，担心同学嘲笑自己，逐渐出现了胸闷、心慌、透不过气来等身体变化，这正是异常情绪对身体造成的负面影响。长期处于负面情绪的包围中会导致疾病，比如焦虑、抑郁，并伴随躯体化的症状。

在医院，我们经常看到一些病人痛苦、消瘦，看上去病入膏肓，但在医院检查了一圈身体之后，却没有发现任何器质性的疾病。那到底是什么让这些病人如此痛苦呢？他们的躯体不适是自己想象出来的吗？当然不是，他们真真切切地感受到了巨大的痛苦，他们在焦虑的情绪中体会到了身体的改变，比如慢性疼痛、反复的胸闷心慌、整日的耳鸣等。那情绪是如何导致疾病的呢？

我们的身体就像一台机器，身体的器官在不停地运转，始终保持一个稳态。即使有时候某些"零件"运转失常了，体内的激素也会迅速帮我们进行调整，让机体恢复平衡。这种稳态在我们长期处在应激状态下时会被打破。大脑经常预测我们需要的能量，比如考试需要多少能量，运动需要多少能量。当我们长期处于消极情绪中，大脑就会认为我们需要很多的能量应对不良事件，我们的身体就会频繁释放应激激素，释放的量远超真实需求。就像故事中的晓雯，因为长期处于否定自己的负面情绪中，学习和社交的压力变大，如果血液中长时间应激激素分泌过多，就会引发体内促炎因子的释放，让身体"发炎"。炎症会不停地消耗我们的能量，令我们感觉没有精神，感到疲惫。

这时就出现了一个恶性循环：当你因为体内激素变化感觉疲惫时，为了节约有限的能量资源，你的运动就会减少。你开始睡不着觉，忽视运动，结果你的身体失衡变得更严重，然后你开始出现情绪问题，如焦虑、抑郁、自我评价低等，觉得自己像个废物。你也会出现回避行为，不愿社交，开始暴饮暴食，而体重增加又会进一步加剧情绪问题。实际上，某些脂肪细胞也会分泌促炎因子，让"发炎"进一步恶化。于是躯体上的各种症状就冒出来了。

以下是一个焦虑自评量表，你可以测测：自己焦虑吗？

请仔细阅读下面每一条，把意思弄明白。每一条文字后有

4个方格，分别代表"没有或很少时间有""有时有""大部分时间有""绝大部分或全部时间都有"。然后根据你最近一周来的实际情况进行评定，在适当的方格里画"√"。如果孩子还不能阅读，请你念给他听，让孩子独立地做出自己的评定。

表2-3　焦虑自评量表（SAS）

序号	题　　目	没有或很少时间有（1分）	有时有（2分）	大部分时间有（3分）	绝大部分或全部时间都有(4分)	评分
1	我觉得比平常容易紧张和着急（焦虑）。					
2	我无缘无故地感到害怕(害怕)。					
3	我容易心里烦乱或觉得惊恐（惊恐）。					
4	我觉得我可能将要发疯（发疯感）。					
5*	我觉得一切都很好，也不会发生什么不幸（不幸预感）。					
6	我手脚发抖打战（手足颤抖）。					
7	我因为头痛，颈痛和背痛而苦恼（躯体疼痛）。					
8	我感觉容易衰弱和疲乏（乏力）。					
9*	我觉得心平气和，并且容易安静坐着（静坐不能）。					
10	我觉得心跳很快（心慌）。					
11	我因为一阵阵头晕而苦恼（头昏）。					

续　表

序号	题　　目	没有或很少时间有（1分）	有时有（2分）	大部分时间有（3分）	绝大部分或全部时间都有(4分)	评分
12	我有晕倒发作或觉得要晕倒似的（晕厥感）。					
13*	我呼气吸气都感到很容易（呼吸困难）。					
14	我手脚麻木和刺痛(手足刺痛)。					
15	我因为胃痛和消化不良而苦恼（胃痛或消化不良）。					
16	我常常要小便（尿意频数）。					
17*	我的手常常是干燥温暖的（多汗）。					
18	我脸红发热（面部潮红）。					
19*	我容易入睡并且一夜睡得很好（睡眠障碍）。					
20	我做噩梦。					
总分统计						
标准分（总分 ×1.25）						

　　计分方法：每个条目选"没有或很少时间有""有时有""大部分时间有"或"绝大部分或全部时间都有"分别计1、2、3、4分。打星号（*）的条目（第5、9、13、17、19条，共5个条目）计分正好相反，这4个选项分别为4、3、2、1分，将20个条目分数相加之和即为量表的粗分。然后用粗分乘以1.25以后取整数，就可以得到标准分。

　　标准分50～59分为轻度焦虑，60～69分为中度焦虑，70分以上为重度焦虑。轻度焦虑症状建议采用自助策略进行自我调适，中重度焦虑症状自我调适可能存在困难，建议寻求专业人员的帮助和指导。

　　（注意：本书中所有的评估量表只用于自我筛查和检测，评估结果只代表被评测者目前的情况是否有某方面的症状，并不能据此做出有某种疾病的诊断。筛查只是帮助我们初步了解被评测者当前的情况，以便做出更有利的行动决策，也便于让医生了解情况。确切的诊断必须由专业人员经全面评估后得出。）

● 情绪会影响我们的身体反应，那么如何通过调节情绪，缓解我们的身体不适？

小黑板敲重点

　　认知改变可以改善情绪。导致人出现异常情绪的关键是对于社会事件认知，而不是社会事件本身。认知行为理论认为，情绪或不良行为并非由社会事件本身引起，而是个体对这些社会事件的评价和解释造成的。过多地强调情绪宣泄或者责任外推，有时候于事无补，我们更应该审视自己异常情绪和行为的原因，正视自己的不合理信念并代之以合理的信念，从而使症状减轻或消除。

第三节

社交与情绪

淑仪从小性格比较内向，不爱跟别人说话，上课不举手发言。但因为爸爸是教务主任，老师都会比较关注她，她的学习成绩也很好。同时，淑仪擅长跳绳、踢毽子等游戏，身边的同学挺喜欢和她玩，也会主动找她玩。所以在读小学期间，淑仪觉得很快乐。虽然害怕爸爸，跟父母交流很少，但学校生活并没有让她觉得困惑。

初中时淑仪就读于一所私立学校，是全日制的住宿学校。她不再是同学、老师关注的焦点，也开始慢慢变得不开心、孤独。与同学在一起时很拘束，对别人的缺点很苛刻，跟同学相处得很不愉快。上课一发言就脸红，也不敢上台演讲。淑仪开始怀疑自己，并感到恐惧、焦虑和羞愧。

社交情绪的发展

儿童社交情绪与父母的养育方式有很大的关系，并将极大影响其青少年时期乃至成年后的社交行为及心理健康。儿童社交情绪的发展主要有三个阶段：（1）与固定养育者交往，建立信任感和依恋感；（2）关注同龄儿童并进行互动；（3）与周围人和环境互动，扮演社会人的角色。在这个过程中，儿童通过依恋关系和模仿，不断体验和表达情绪，学会调控自身的情绪和行为，并发展积极的自我意识。

在婴幼儿时期，建立稳定的依恋关系非常重要。如果频繁更换抚养者或者养育者没有对婴幼儿的寻求帮助给予积极回应，儿童在青春期或成年后，会更容易表现出焦虑、抑郁、攻击性行为和消极的社交行为。而如果父母允许孩子表达情绪，并对情绪问题进行讨论，将有助于孩子更好地解决情绪问题，培养调节情绪的能力。相反，如果儿童在发育过程中不能自由地表达负性情绪，将会抑制自身的情绪体验，在青春期及成年后容易出现激烈的情绪波动，也更容易出现叛逆和成瘾行为。

同时，父母的情绪行为模式，在儿童社会情绪发展中也扮演着重要的角色。在成长过程中，父母是儿童的第一任老师，儿童会不自觉地去模仿父母，并在社交行为中表现出与父母相似的情绪行为模式。如果父母有更好的共情能力，儿童在与同龄人的互动中也会表现出更多的分享行为和同理心。与此相反，如果父母在养育过程中频繁地表达负面情绪，儿童在社交过程中也会变得苛刻和难以适应。

情商在社交中的作用

什么是情商？情商主要有五个部分：一是识别自身情绪的能力；二是管理自己情绪的能力；三是自我激励的能力；四是认知他人情绪的能力；五是人际关系管理的能力。

与智商不同，情商反映的是管理情绪的能力。智商高让你的学习能力强，有更多的知识储备与不俗的谈吐，接触更高层次的人群。而情商影响的则是你亲密关系的建立与维持，以及自我调节和融入群体能力的发展。

人是社会性动物，需要与他人建立人际关系。社交情绪是人与人之间建立关系的关键评价工具。我们肯定都希望自己的情绪能被别人洞察到，在倾诉委屈和痛苦时，对方能安慰自己，而不是随便地敷衍。同样的，我们也要能准确地识别他人的社交情绪，当认识到对方不喜欢自己的时候可以及时远离，没有人喜欢没有回应的情感付出。同样，在我们受挫或者群体需要激励时，我们要能快速识别情绪，给予自身或他人积极的情绪鼓励，这也会有助于建立和维持亲密关系。所以，情商在社交过程中非常重要。

社交焦虑

社交焦虑指的是对某一种或多种人际关系有强烈的忧虑、紧张不安或恐惧的情绪反应和回避行为，是对人际关系产生的紧张与害怕。

认知偏差是社交焦虑症维持和发展的关键特征，个体对自身能力以及周围事件的不正确认知会使其更容易产生社交焦虑。高社交焦虑的个体会以更消极和更具威胁性的方式来解释同伴模棱两可的行为，比如老师没有回应自己的打招呼是不喜欢自己，嫌自己笨，同学们也会嘲笑我。心理学上认为社交焦虑是人类在充满挑战的生活中进化出来的一种心理机制，与避免在社会竞争中可能遭遇的威胁有关。一方面个体害怕自己处于群体的底层，被群体认为没有用；另一方面个体又会害怕自己表现得太好，威胁了群体中处于支配地位的人，这两种情况都可能会使自己在群体中的安全地位受到威胁。

社交焦虑的人本主义理论认为，焦虑是建立在与生存有关的感情依恋的基础上的，个体在幼儿时期缺乏关爱，在日后的生活中就会更容易出现焦虑情绪。父母采用鼓励、赞赏、关心、尊重、接纳的教养方式教育孩子，孩子一般都表现出亲社会行为；父母采用辱骂、拒绝、烦躁、抵触或强制性支配与服从的教养方式教育孩子，孩子则大都表现出激进的攻击性倾向、冷漠的反社会倾向或者懦弱畏怯的负面性格，会导致孩子长大以后社交困难，也可能是形成焦虑障碍的源头。所以，父母在教育孩子的过程中应该给予孩子充分的理解与支持，有利于孩子更好地面对外界的压力，降低他们的社交焦虑。管教得太严厉或者总是不满足儿童需求，儿童就容易产生不安的情绪，在以后的生活中也更可能会出现社交焦虑和回避行为。

● 不敢在公共场合发言，不敢成为别人注意的焦点，社交焦虑的心理是什么样的?

小黑板敲重点

　　儿童社交能力的养成依赖规则的建立。儿童社交化的关键是对社会规则的认知。成人可以在游戏中通过教师的权威、儿童同伴的影响和集体力量的约束培养和提升儿童的意志、个性、情感、兴趣，让儿童理解并遵守社会规则。所以，父母平时可以利用孩子对游戏的喜爱，多做游戏。加之任何游戏都具有规则，这一规则性也将为儿童社会规则意识的形成提供良好平台。因此，利用游戏规则培养儿童的社会规则意识，增强儿童的社会规则认知，是一条培养儿童社交能力的有效途径。

第四节

压力与情绪

　　乐乐学习成绩很好，这次考了年级第一。乐乐的妈妈特意站在学校门口接乐乐，听着别人的夸赞，心里很得意，面上却没有得意之色，反而"谦虚"地给其他父母传授教育经验，一副教育成功人士的样子。回到家里，乐乐还没来得及开心，就听妈妈讲："别高兴得太早，今天你给妈妈长脸了，但下次考砸了，你知道后果。"说着，她从房间里拿出来一沓学习资料："把资料做完，不然不许睡觉。"乐乐嘟着嘴，不开心地说道："为什么别的同学都可以玩，我就只能学习？"说着说着竟小声地抽泣起来。乐乐妈皱起了眉，一脸不耐烦："不许哭了，现在你不理解，以后就会感激我了，一点都不懂事。"乐乐看着妈妈表情越来越严肃，害怕了，妥协了，他拿起学习材料，默默回到了房间。他觉得好难过，好无助，好讨厌学习。

压力和情绪的关系

压力是指个体因外部环境的影响而导致的紧张、焦虑感以及在此基础上所产生的应激反应状态。

情绪与压力都属于潜意识的范畴,都是心理现象的一种类型。情绪属于纯潜意识的范畴,而压力是一种特殊的负性情绪状态,导致焦虑、紧张、不安、沮丧、无助等情绪反应,同时出现心慌、出汗、肠蠕动减缓等生理反应。

压力对个体带来的影响最早可追溯到孕期。孕期的母体是否遭遇社会应激事件,是否出现焦虑抑郁等情绪被认为是影响下一代在儿童青少年时期产生情绪问题的关键风险因素之一。母孕期遇到应激事件,会导致大脑"下丘脑-垂体-肾上腺轴"的兴奋与"应激激素"皮质醇的分泌,进而影响母体的情绪心理和生理反应。女性孕期过早的超负荷压力可能导致婴儿低体重。儿童期经历逆境,包括父母缺失、遭受虐待等社会压力,会导致儿童应激反应调控紊乱,在青春期罹患抑郁症的风险增高。个体进入青春期后,随着生活压力事件的增多,早期应激事件的不利影响逐渐在青春期显现,出现一系列的情绪反应异常。这些说明生命早期,从孕期到青春期,压力会对儿童青少年心理与行为的发育造成影响,而且这种压力会持续影响脑与行为发展,并产生负面的情绪问题。

有压力并不一定是坏事情,轻度的压力有利于个体主动调动身体能量,积极应对压力事件,成语"急中生智"就是这个原理。就像图2-4所示,适当的压力可以促进个体的行为动机,帮助个体实现较好的个人表现。但过度的压力就会造成高度紧张的情绪,使人注意力下降、思维迟钝、分析判断力减退，导致低行为动机，甚至会做出不合时宜的举动。比如，在丛林中遇到野兽，如果不是有经验的猎人，我们肯定会惊慌

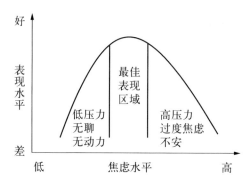

图2-4　压力曲线图

失措，甚至呆若木鸡，出现行为休克。而在长期慢性压力下，个体除了会有焦虑、紧张情绪外，还会出现注意力涣散，思维迟钝，思考能力下降。情绪故事里的乐乐就是一个例子。乐乐妈持续地给乐乐施加压力，造成乐乐焦虑、紧张，厌恶学习，如果考试成绩不好，又会是新的压力，从而形成恶性循环。我们可以想象，如果没有得到及时的干预或疏导，乐乐未来的心理健康很可能会出现问题，青春期出现厌学、逃课的行为也就不足为奇了。

● 在学习和生活中，压力会影响你的情绪吗？是怎么影响的？

小黑板敲重点

当孩子长期处于压力中，父母应该：

◆ 愿意倾听孩子的诉苦。面对孩子的压力，最好的办法是陪伴。当孩子想找你诉苦的时候，你要愿意花时间去倾听，试图站在他的角度思考问题，并给出你的建议。

◆ 有边界感，不强势。孩子的压力很多来自家庭，比如父母的期望、攀比心和虚荣心。作为父母，不应因为自己的虚荣心把自己的意志强加给孩子，要尊重孩子独立的人格和隐私，有边界感，不要帮孩子做决定，可以提供建议。

◆ 对孩子宽容。压力就像弹簧，过度的压力只会把孩子压垮，适得其反。生活中父母应该对孩子宽容，对于已经给自己很大压力的孩子，父母应该给予安慰，给孩子"松绑"。

第五节

睡眠与情绪

　　小梦是个普通的高中生，高三学习压力大，经常要熬夜看书。久而久之，小梦开始失眠了，在床上辗转反侧很久才能入睡。因为睡眠不足，她第二天总是浑浑噩噩的，无精打采，看书总是集中不了注意力，情绪也变得不稳定，常对朋友发脾气，曾经要好的同学也逐渐跟她疏远了。她很自责，却无可奈何，内向的她不愿把自己的痛苦告诉父母和老师，选择一个人默默承受。

睡眠和情绪的关系

　　睡眠和情绪是相互作用的。焦虑、抑郁等情绪问题会影响睡眠质量，而睡眠不足和睡眠质量差也会导致情绪问题的加剧。

　　前文中提到，长期焦虑、抑郁会令我们的身体处于应激状态。应激状态下的身体会出现交感神经兴奋，导致心跳加快、警觉性升高、睡眠及进食需要减少。想象一下，我们马上就要上战场了，周围都是敌人，随时可能失去生命。这个时候你还能保持良好的睡眠吗？当然不太可能。那睡眠又是怎么影响情绪的呢？

年轻的朋友应该都曾有"起床气"的体验。那为什么睡眠没有得到满足的时候，我们会不由自主地产生不适当的情绪反应呢？我们的大脑似乎失去了控制，不能像平常那样三思而后行，保持情绪的稳定。在"大脑与情绪"一节中，我们提到了杏仁核和内侧前额叶这两个部位。杏仁核负责非理性的情绪反应，而内侧前额叶则负责理性的思考，得到理性的情绪反应。经过一整夜的睡眠之后，内侧前额叶会与杏仁核产生强烈的连接，发挥抑制作用，对这个大脑深层的情绪中心进行调控。而没有了睡眠，这两个大脑区域之间的强烈连接就不存在了，我们无法控制自己的原始冲动，情绪的油门（杏仁核）使用得太多却没有足够的刹车（内侧前额叶）。所以，如果没有每天晚上通过睡眠得到的理性控制，我们就无法保持情绪上的稳定。故事中的小梦就是因为睡眠不好而导致了情绪失控。

如何通过睡眠缓解压力？

1. 保持规律的睡眠时间

保持规律的睡眠时间对于缓解压力和改善情绪至关重要。熬夜会影响睡眠节律，造成睡眠节律紊乱，白天犯困，晚上睡不着。每天晚上定时上床睡觉，早上定时起床，避免长时间的午睡，可以帮助身体建立自然的睡眠节律，并且可以提高睡眠质量。

2. 睡前减少观看刺激性的影视作品或读物

很多人喜欢睡前在床上看书、看手机、打游戏，刺激性的影视作品或读物会造成身体交感神经兴奋，心跳加快，大脑兴奋，让人失眠、多梦，不仅不能放松情绪，反而会有紧张的情绪。

3. 放松身心

放松身心也是缓解压力和改善情绪的重要一环。日间做适量的运动，在睡觉前泡泡脚，可以放松身体，帮助缓解日常生活中的压力和紧张情绪。此外，也可以适当听一些轻松的音乐或进行深呼吸练习来放松身心。

4. 控制饮食

控制饮食也是缓解压力和改善情绪的重要一环。晚上就餐时间应该尽可能早，不要过饱或过饿。晚上睡觉前少喝水，避免频繁起夜。另外，晚上不要摄入咖啡因、酒精和烟草等刺激性物质。

思考题

● 你失眠过吗？当失眠时你觉得该如何调整自己的情绪？

小黑板敲重点

当孩子总是失眠时，父母应该：

◆ 帮助孩子消除失眠带来的恐惧。孩子应该养成良好的作息，即使学习任务很重，也应该合理安排睡眠时间，午后和晚间不要饮茶或含咖啡因的饮料，多参与一些体育活动。

◆ 帮助孩子控制睡眠。帮助孩子养成以下习惯：有睡意时才上床睡觉；不要在床上做与睡眠无关的事，如看书、看电视等；睡前2小时内避免做剧烈的体育运动；如果上床半小时仍未入睡，则起床到另外房间做一些其他事情，有睡意时再返回；无论在夜间睡多久，早晨应按时起床。

第六节

饮食与情绪

　　小颖因为严重的营养不良住进了医院。爸爸妈妈以为女儿得了什么重病，但医生告诉他们，小颖的营养不良不是由躯体疾病引起的，而是她主观上不肯吃东西导致的。小颖在学校里学习成绩很优秀，是别人羡慕的对象。但她对自己要求很高，心理压力很大，她渴望获得老师和周围人的肯定，但自己除了学习以外似乎一无是处。另外，父母之间有许多问题，虽然他们刻意隐瞒，但却会在无意中表现出来。小颖是个敏感的孩子，她能感受到父母情绪的变化，经常需要代替爸爸来安抚妈妈的情绪，可很多问题超出了她的能力范围。而且妈妈把对爸爸的失望转换成了对小颖的期望，这种无形的压力经常把小颖压得喘不过气来。小颖感觉自己似乎永远都是长不大的孩子，永远都要被父母摆布。情绪低落的她胃口很差，慢慢消瘦。时间长了，她竟然"爱上"了不吃东西的感受，她不能左右自己的生活和学习，但能左右自己的体重。更何况她变瘦了还得到了同学们的关注，家人也不再像以前那样紧逼着自己了。

饮食与情绪的关系

情绪会影响我们的饮食行为，进而引起一系列的健康问题。目前普遍认为消极情绪下，我们的进食量会增加，而且会更多选择甜食。这是因为消极情绪诱导下的个体在面临诱人的食物时大脑中"食欲奖赏"区域的活动明显增加，大脑的奖赏系统对食物更加敏感。但长期的负性情绪则可能导致进食减少，甚至进食障碍，比如神经性厌食症和暴食症，其中厌食症的死亡率高达5%，这是非常令人担忧的。而这种对食物的异常控制或强烈的进食欲望，被认为是情绪调节缺陷造成的。心理学上认为自我调节的缺陷会降低个体的自我意识。这种自我意识的降低可能会导致个体关注短期的享乐目标（例如美味的食物），而不是长期的自我监控目标。

与其他成瘾行为一样，进食障碍患者也是在通过控制进食追求对客观事物的掌控感。紧张的人际关系，失败的工作经历，恶劣的家庭环境等负性刺激源让个体产生了失去对生活控制的挫败感。这种挫败感令生活中一切可以被轻易掌控的事物都充满了诱惑力，比如食物、烟酒、毒品等。

现代生物学家发现，情绪与饮食的关系并不是单向的，因为微生物菌落-肠-脑轴的作用通路的存在，肠道的生理变化同样可以影响情绪。完善的肠道功能不仅可以吸收生存需要的营养物质，也对维持脑肠轴稳态至关重要。大量的细菌寄生在我们的消化道中，通过神经元、内分泌和免疫信号传导通路与我们的大脑进行通信，从而影响我们的情绪和行为。因此，健康的饮食习惯可以帮助我们维持肠道菌落的稳态，从而帮助我们调节情绪。不良的饮食习惯则会导致菌群失调，不仅会造成情绪障碍，也可能会导向躯体疾病和心理问题。

● 如果你身边有人过分地节食，你会怎么劝说他/她？

小黑板敲重点

　　当孩子出现节食或暴饮暴食时，父母应该：

　　◆ 非暴力沟通。很多父母通常习惯站在道德制高点上对着孩子一顿输出。家长可能并不想批评、指责，但却造成了不好的结果，至少我们没有看到孩子们真实的需要。

　　◆ 无条件接纳。父母是孩子的老师，也是孩子的心理医生。父母应该告诉孩子无论他怎么样，自己都是爱他的。父母不要有太多的企图心，不要期望孩子成为牵线木偶，不要期望孩子不经历苦痛就能成才，父母能做的就是陪伴、接纳、肯定。

情绪对话

小颖因为营养不良住进了医院，医生告诉父母小颖不吃东西不是身体出现了问题，而是自己主观不想吃。父母很担心，于是找来了小颖熟悉的心理老师跟小颖谈心，开导她。

小颖 今天我不想吃这顿饭。

老师 刚刚吃饭前我看你情绪还可以，但现在情绪不是很好，是发生什么了吗？

小颖 没什么。

老师 没关系，这只是我们之间的对话，你可以畅所欲言。

小颖 刚刚我妈一直在说我爸，说他不顾家，说我这个样子都是因为我爸。从小我爸就不怎么管我，经常跟我妈吵架。他们以为我不知道，其实我什么都知道。

老师 你是说爸爸妈妈的关系让你心情不好，所以没有胃口吗？

小颖　也不算是，我不吃饭，他俩反而说的话还能多一些。

老师　你跟妈妈关系更好，还是和爸爸关系更好？

小颖　跟妈妈吧，我爸不怎么管我。但我妈管我管得太多了，我有点喘不过气来。

老师　你是说妈妈给你压力太大了？

小颖　她也是为我好吧。

老师　你的成绩很好，会有压力吗？

小颖　我不觉得我有多好，我们班有很多同学成绩比我好，也有体育比我好的，人缘比我好的。

老师　你的意思是你希望自己能更优秀，这会不会造成很大的压力？

小颖　可能会吧。

老师　我听完你刚才的话，理解了你最近压力很大，我也很担心你，或许我们可以一起讨论怎么处理这种压力。

之前上课跟你讲过，情绪和行为源自我们对事情的看法，异常的情绪源自对事情异常的认知，所以我们需要对一些事情进行讨论。首先是家庭关系，我们要和你的爸爸妈妈一起坐下来讨论你的压力和情绪，你要相信他们是爱你的，也要给他们个机会去改变。其次，你不吃饭似乎和压力、情绪都有关系，我们需要一起讨论一下你的进食问题。最后，我们需要一起讨论出一个合适的方法帮助你处理异常的情绪，比如运动、跳舞、写作等。

小颖　好的，谢谢老师。

第三章

不同阶段的情绪养育技巧

情绪管理是指个体在面对各种情境和挑战时，有能力调整、控制并处理自己的情绪。这项技能涉及识别、理解、表达与调节情绪，它对一个人的情感、行为和思维的调节起着关键作用。

对于儿童和青少年来说，情绪管理对他们的身心健康及社会适应能力发展具有深远意义。良好的情绪管理能力可以对儿童青少年的心理健康、社会适应能力、学业成就以及人际关系等方面产生积极作用。在面临困难、压力和挫折时，具备良好情绪管理能力的孩子更容易塑造积极的自我形象，并拥有更高的自尊和自信。当他们能够理解并表达自己的情绪时，也能更易于体谅和理解他人，有助于在社交场合中更好地适应和沟通。学会识别、表达和管理情绪，孩子将能够冷静、客观地分析问题，做出明智的决策，更有效地控制自己的行为和冲动，从而预防可能出现的心理问题。

情绪养育意味着父母帮助孩子识别、接纳自己的情绪，认识情绪与行为之间的联系，提升情绪表达能力，采用有效的情绪调节策略，这些对孩子的成长至关重要。作为孩子成长过程中的重要引导者，父母在帮助孩子管理情绪方面发挥着举足轻重的作用。父母应该主动关注儿童和青少年的情绪需求，学习和了解不同阶段儿童青少年情绪发展和表现特点，并根据幼儿期、儿童期和青少年期的情绪发展特点，掌握不同阶段儿童青少年的情绪养育技巧，协助孩子有效地管理情绪。孩子在成长的不同阶段的情感需求因年龄和发展水平而有所不同，例如，幼儿需要更多的身体安抚，而儿童和青少年则需要更多的沟通以及解决问题的技巧来有效地管理情绪。通过学习这些知识和技巧，父母可以为孩子提供一个安全、支持性的环境来探索和表达情感，这将有助于父母更好地支持孩子的情绪发展，促进孩子全面健康成长。

第一节

识别情绪

　　小花是一个活泼开朗的孩子，平时喜欢和同学们一起玩耍。然而，最近她开始在课堂上变得焦躁不安，容易对别的孩子发火。当她的朋友试图靠近她或与她互动时，她常常会无缘无故地大发脾气。

　　在家里，小花的父母注意到她的胃口变差，晚上入睡也变得困难。她经常在半夜哭醒，但是却说不出个所以然。当父母尝试与她谈论她的情绪时，她只是摇头说自己并不知道发生了什么。

　　在这个例子中，小花可能正经历悲伤、焦虑或其他负面情绪，但她尚未意识到这些情绪。她的情绪表现为脾气暴躁和睡眠问题，但她无法准确识别和表达自己的感受。这时就需要父母的帮助，教导她识别和理解自己的情绪，并找到恰当的应对方法。

　　识别情绪是情绪调节的第一步。只有当孩子能够识别自己的情绪后，他们才能学习如何管理和控制这些情绪，例如，当孩子生气或者激动时，家长需要让孩子了解自己怎么了，而不只是简单地要求孩子冷静下来。理解情绪也是发展良好社交技能的重要一步，其中包括了解自己的情绪、了解他人的情绪，以及如何恰当地对待这些情绪。这样可以帮助孩子更好地与同龄人互动，避免冲突，建立友谊，更好地适应社会。

儿童情绪识别能力的发展是一个渐进的过程，需要家长的耐心引导和支持。在大约2岁时，儿童开始能识别基本的情绪，如高兴、悲伤、愤怒和恐惧。他们可以通过观察他人的面部表情、声音和身体语言来识别这些情绪，并且开始懂得，自己的情绪反应和别人的情绪反应可能是不同的。在大约3岁时，儿童开始能够理解和表达自己的感受。他们可以用简单的语言来描述自己的情绪，例如，"我开心"或"我生气"。在4、5岁时，儿童开始具备识别和理解更复杂情绪的能力，如羞愧、嫉妒、惊讶。他们逐渐发展到能够判断情绪的起因，如"他开心是因为他吃到了美味的蛋糕"或者"他伤心是因为他弄丢了玩具"。这个阶段的幼儿还可以推测出小伙伴在表达出特定情绪后会有哪些可能的行为反应，如生气的小伙伴可能会打人。5、6岁的儿童开始理解一个人可以同时体验到多种情绪，而且情绪也可以有不同的强度。例如，他们可能理解自己可以同时感到开心和紧张、害怕可以有不同的程度。

学龄期儿童的情绪识别能力不断提高，他们可以更准确地识别和理解他人的情绪，已经能够从他人的面部表情中识别出基本情绪，也可以通过他人的语调、声音和说话的内容来识别和理解情绪。

青少年时期是一个充满挑战和变化的阶段，孩子面临着身体、生理和社会上的变化，这些变化对其情绪发展产生了深远的影响。青少年时期的情绪发展特点主要表现为以下几个方面：

● **情绪波动大。**青少年时期孩子的情绪波动较大，经常出现情绪高涨或低落的情况。这是由于青少年的生理和心理状态处于变化之中，他们还没有完全适应这种变化。

● **情绪冲突明显。**青少年日益增强的自我意识，让他们逐渐开始探索情绪表达和情绪控制，但这个过程往往充满冲突。在情绪表达上，他们会出现较为强烈的表达方式，比如使用敌对、夸张、标新立异的表达方式，另一方面他们又会竭力掩饰和隐藏情绪，有时也可能会因为害怕被拒绝或者被嘲笑而抑制自己的情感。这种情况可能会导致青少年的情感问题得不到解决，进一步加剧情绪的波动。

● **对他人情感反应敏感。**青少年时期，孩子对他人情感反应的敏感度较高。他们可能会因为他人的态度和言语而感到受伤或者挫败。

● **关注自我情绪。**青少年时期，孩子的自我意识很强，他们通常会对自己的情感状态有较为清晰的认识。然而，这种自我意识也可能导致他们过度关注自己的情绪，更趋向于站在自己的角度表达情绪，而忽略了他人的感受，这样的特点可能会带来一些人际矛盾。

因此，在这个阶段，青少年需要学会如何处理自己的情绪，以及如何与他人建立积极的情感联系。家长和老师也应该适时开展情绪教育，帮助孩子了解和管理自己的情绪。通过情绪教育，青少年可以学会正确表达自己的情感需求，掌握情感管理技能，提高情感认知能力，增强自我意识和自我调节能力。此外，情绪教育还可以帮助青少年与他人建立良好的情感联系，增强社交能力和情感智慧。

当然，不同年龄阶段的孩子在识别情绪方面也面临着一些挑战。学龄前期儿童由于词汇量有限，还不能用足够的语言来准确地描述感受，但是他们能够通过面部表情和身体语言来表达情感，父母应该敏感地注意这些信号，并帮助孩子将这些信号与情绪联系起来。情绪很多时候是复杂和多元的，对于小年龄儿童来说可能难以理解，例如，去游乐园玩高空项目，他们可能会同时感到兴奋和紧张。学龄期儿童在情绪识别方面的能力虽有一定提高，但他们的情绪调节能力还不完全成熟，因此在面对强烈或者负面的情绪时会感到困扰，不知道如何有效地应对和调节。

针对学龄前及学龄期儿童的情绪识别，父母需要使用一些具体、简单易懂的方法。以下是一些可以借鉴的方法：

● **情绪图表**：为孩子制作一个简单、色彩鲜明的情绪图表，上面用不同的表情符号来代表各种情绪，比如高兴、悲伤、生气、害怕等。父母可以经常让孩子指出他们的感受，或者在他们表现出某种情绪时，指向图表上对应的表情。

图3-1　表情图表（作者：李煦）

● **情绪面具**：制作一些情绪面具，如快乐、悲伤、生气等，让孩子在适当的情境中戴上。这种直观的方式有助于他们理解和表达自己的情绪。

● **儿童电视节目和动画片**：许多儿童电视节目和动画片都有帮助孩子理解情绪的一些情节。观看这些节目之后和孩子讨论角色的感受可以帮助他们理解不同的情绪。

● **具体的情境**：学龄前儿童往往需要将情绪联系到具体的情境中才能更好地理解和识别它们。因此，父母可以在日常生活中提供具体的情境，如当看到动物受伤时，父母可以问："你觉得这只小狗狗现在会有什么样的情绪呢？"

● **情绪猜测游戏**：画出或找出一些表情图片，然后让孩子猜猜这是什么情绪。这个游戏可以帮助他们建立情绪与表情之间的联系。

- **描绘情绪的儿童书籍**：有些儿童书籍有专门帮助孩子理解情绪的内容，伴随简单易懂的语言和有趣的插图，可以帮助孩子更好地理解情绪。

- **日常生活**：当孩子在日常生活中体验到不同的情绪时，比如在公园玩耍时很开心，或者因为没能得到奖励而生气，这些都是教他们识别情绪的好机会。

针对学龄期儿童的情绪识别，家长可以通过以下方式来帮助孩子更好地识别和理解情绪：

- **教授情绪识别技巧**：教孩子识别面部表情、肢体语言和语气等情绪线索。这将帮助他们更好地理解自己和他人的情绪。

- **标签情绪**：用语言描述孩子可能正经历的情绪，如"你现在可能很生气"或"你看起来很高兴"。这有助于孩子学习将他们的感受与相应的情绪词汇联系起来。

- **感知身体**：引导孩子关注身体的感觉，比如紧张的肌肉或者不舒适的胃，帮助他们意识到自己的情绪状态，学会将身体的感受和情绪相联系。

- **情绪识别游戏**：可以通过游戏的方式帮助孩子识别和理解情绪。例如，可以让孩子模仿或识别各种情绪的面部表情，或者通过模拟情景和角色扮演，让孩子学会在不同场合下识别情绪。例如，可以设置一个场景，让孩子扮演生气、高兴或害怕的角色。

- **情绪识别的准确性**：训练孩子更精确地识别和描述他们的情绪。比如，他们可能会说自己"不开心"，但实际上这种不开心可能是失望、困惑或者焦虑等。
- **家长自身情绪识别**：父母应该以身作则，识别并分享自己的情绪，帮助孩子养成同理心，理解别人的情绪，比如"外婆生病了，妈妈现在很担心"，"有人弄丢了妈妈的钱包，妈妈很生气"。

通过以上方法，父母可以帮助学龄前儿童和学龄期儿童识别和理解情绪，建立良好的情绪基础。

引导青少年识别自己的情绪，可以从以下几个方面入手：

- 引导孩子体察自己的情绪状态。孩子在情绪方面可能缺乏经验和认知能力，应该让他们学会观察自己的情绪反应，并用语言来描述这些反应。家长可以通过提问和倾听的方式，帮助孩子更好地了解自己的情绪状态，例如"你现在感觉怎样"，或者"为什么你会有这种感受"等，同时也要鼓励孩子将情绪用语言表达出来。
- 帮助孩子了解青春期情绪世界的变化。青春期是一个充满挑战和变化的时期，孩子的情绪容易波动和不稳定。家长应该理解这一点，并鼓励孩子积极适应变化。同时，也要向孩子传达情绪管理的重要性，告诉他们如何在遇到困难或负面情绪时采取积极的行动，例如通过运动、艺术创作等方式释放情绪，或者与朋友和家人交流。

● 以身作则，提供良好的家庭情绪环境。孩子会受到家庭情绪氛围的影响，因此家长应该尽量营造一个和谐、积极、支持和理解的家庭氛围。在处理自己的情绪时，父母也应该以积极的方式来表达情感，例如用温暖的语言传递爱和关怀，或者以宽容和理解的态度面对孩子的负面情绪。

● 不同年龄阶段的孩子在识别情绪方面的挑战是什么？

● 如何帮助儿童阶段的孩子识别情绪？

● 青少年时期孩子的情绪发展特点是什么?

第二节

接纳情绪

情绪
故事

　　琪琪是一个9岁的小女孩，她在学校里的成绩一直很好，父母对她的期望也很高。最近的一次数学考试，琪琪考砸了，分数比预期的低了很多，她感到非常沮丧和失望。但是，她担心如果告诉父母，他们会对她生气和失望。因此，琪琪选择压抑自己的情绪。

　　当父母知道琪琪的考试成绩时，他们就如她原先预料的那样，大发雷霆，并说了一些严厉的话，例如"你一定是没用功，没好好学习"。琪琪感到难过极了。本来没考好自己就已经很不好受了，再加上父母的责备，她很想哭出来。可是她不敢表露出来，她害怕自己会被认为是脆弱或失败的，她还记得以前她哭的时候父亲说的话，"哭哭哭，就知道哭，哭有什么用，能让你成绩变好吗"，她只好拼命忍住，默默地承受着心里的痛苦。

　　在这种情况下，琪琪没有接纳自己的情绪，因为她担心父母的反应。同时，她的父母也没有接纳她的情绪，为她提供一个安全的环境来表达和处理这些情绪，他们的期望和压力使琪琪不能去体验和接纳负面情绪。这种情况可能导致琪琪长期压抑自己的情绪，让她无法学会有效地处理挫折，她可能在将来遇到更多的情绪问题，如焦虑、抑郁。

情绪接纳是情绪管理的一个重要方面，父母帮助孩子接纳情绪有助于他们发展出健康的应对机制。接纳情绪意味着接受和理解自己的情绪，而不是试图回避或抑制它们。因为情绪总是存在的，压抑或者回避情绪并不意味着情绪会消失，恰恰相反，情绪会隐藏在某处并累积起来，直到超过孩子的承受限度而爆发出来。很多父母可能都体验过平常很乖的孩子因为一件很小的事情而情绪失控的情况，比如"妈妈的一句批评""搭好的积木突然倒塌""同学的一句玩笑话"……这背后可能就存在平常日积月累不被接纳的情绪。当正常的情绪表达不被接纳时，它们还会以其他"可接纳"的形式被表达出来，比如很多情绪出现问题的孩子首先主诉的症状可能是肚子不舒服、胸闷、胃口不好、头疼等身体症状，因为在孩子的眼里，这些才是家长可以接纳的部分，是可以安全表达的部分。

父母要为孩子建立一个安全的情感环境，提供一个充满爱和支持的环境，让孩子知道他们的情绪是被理解和接受的，让孩子理解，所有的情绪，包括那些被视为"负面"的情绪，如伤心、生气、恐惧等，都是正常且有意义的。

父母需要承认孩子的感受是真实的，尽管这些感受对父母来说可能不合理或者不必要。每个人都有权利拥有自己的情绪，儿童也不例外。父母要尊重孩子的感受，避免说类似"不要哭"或"不要生气"的话，这可能会让孩子感到他们的感受是错的。尽量多用包含同理心的话语，比如"我知道你现在很生气，我理解你"。

学龄前期儿童还不具备抑制情感的能力，经常会出现突然而强烈的情绪，他们需要感到被爱和被理解。父母应该给予孩子充分的关注和安全感，让孩子知道他们的情感是被接受和理解的。

儿童和青少年的情感表达变得更加复杂，他们可能会面临更多的情绪挑战。父母需要尊重孩子的感受，应该多听取孩子的感受，给予他们情感上的支持和理解。孩子可能会对某些情绪有负面的刻板印象，例如他们可能认为生气或悲伤是"坏"的或"错误"的，这可能阻碍他们接纳这些情绪。家长和老师应该帮助孩子认识到每一种情绪都很重要，并给予孩子接纳自己情绪的具体建议。负面情绪，如愤怒、悲伤和焦虑等，在合理的范围内是非常正常的。这些情绪可以提醒我们对某些事情感到痛苦或担忧，从而促使我们采取积极的行动来改善自己的生活。如果我们总是试图避免消极情绪，那么就可能会错过一些重要的信息，无法真正了解自己的需要和内心的感受。

父母也需要给孩子做好示范作用，如果儿童没有得到良好的情绪示范，他们就会难以学习如何接纳情绪。例如，如果父母无法有效地接纳和处理自己的情绪，总是压抑或者否认、回避自己的负性情绪，孩子就会学习到不健康的情绪处理方式。

通过接纳和理解自己的情绪，儿童增进了对自己内心世界的理解，这是自我认知重要的组成部分。接纳情绪有助于他们理解自己的需求和欲望，从而更好地照顾自己。当儿童能够接纳自己的情绪，他们就更有可能学会有效地管理和调节这些情绪。接纳情绪也有助于儿童发展良好的社交技能。例如，当他们理解自己的情绪时，也更有可能理解他人的情绪，这可以帮助他们形成更强的同理心和良好的人际关系。

父母可以通过以下技巧帮助儿童接纳情绪：

● **认真倾听**：当孩子分享他们的情绪时，父母首先要做的是认真倾听孩子的感受，给予他们充分的关注。父母可以主动询问孩子，比如"你现在感觉怎么样？"，然后耐心地倾听孩子的回答。在倾听孩子的回答时，父母要注意不要打断孩子的表述，要让孩子有足够的时间来表达自己的感受和情绪，通过重复他们的话，表示理解和支持，以验证他们的感受。不要急于给出建议和评判。

● **情绪讨论**：定期和孩子开展关于情绪的讨论，可以帮助他们更好地理解和接纳自己的情绪。例如，可以询问他们在一天中什么时候感到最快乐，什么时候感到最生气，然后探讨他们是如何应对这些情绪的。

● **提供支持**：让孩子知道，无论他们的情绪如何，他们都有父母的支持和理解。即使他们的问题不能被解决，也可以通过倾听和理解他们的感受，提供情感上的支持。当孩子感到沮丧时，父母可以告诉孩子：“沮丧是一种正常的情绪，我们都会有这样的感受。你可以试着去找一些快乐的事情来分散注意力，或者跟我说说你的感受，我会一直在这里陪着你。”

● **保持耐心和理解**：每个孩子都是独一无二的，他们在情绪发展方面的速度和方式可能会有所不同。作为父母，我们需要保持耐心，给予理解，尊重孩子的个体差异，支持他们在情绪成长的道路上的每一步。

● **情绪“温度计”**：制作一个情绪“温度计”，帮助孩子理解和接纳他们的情绪强度。例如，可以让孩子在一个从1（完全平静）到10（非常激动）的尺度上描述自己的情绪。

● **正念练习**：教导孩子进行一些简单的正念练习，如专注呼吸或身体感觉。这可以帮助他们平静下来，更好地理解和接纳自己的情绪。

针对青春期的孩子，可以通过情绪知识的学习、日常生活体验、对于情绪的探索性讨论等方式，在家庭和学校环境中引导他们认识和接纳不同的情绪，并在识别情绪的基础上，进一步接纳各种情绪，特别是愤怒、厌恶、恐惧等负面情绪。孩子需要知道，每一种情绪都有其存在的意义和价值，这可以帮助他们更好地适应生活中的变化和挑战。

以下是几点建议，希望可以有助于家长帮助青春期的孩子接纳各种情绪：

● **认识情绪的功能，建立"情绪不分好坏"的正确观念。** 许多孩子会对自己的消极情绪感到困惑、沮丧甚至自责，而事实上，每种情绪都有其存在的意义和价值。家长可以向孩子解释情绪的功能，帮助他们明白每种情绪的作用，从而建立"情绪不分好坏"的正确观念。例如，当孩子遇到挫折或失败感到沮丧和失望时，家长可以告诉孩子，这些情绪可以帮助他们认识到自己的需求和不足之处，并促使他们采取积极的行动来改进。同样地，当孩子感到愤怒或焦虑时，家长也可以告诉孩子，这说明他们对某些事情非常关心，所以需要采取行动来解决问题。因此，家长应该鼓励孩子接受自己的情绪，不要认为某些情绪是"不好"的或需要被消除。

● **及时给予共情和支持。** 当孩子陷入情绪的低谷时，家长可以通过给予共情和支持来帮助他们渡过难关。这不仅能让孩子感到被理解和接纳，还可以促进家庭成员之间的沟通和信任。例如，当孩子遇到挫折或失败时，家长可以告诉孩子自己也曾经遇到过类似的情况，分享自己的经验和教训，并鼓励孩子寻求积极的应对方式。当孩子感到愤怒或焦虑时，家长可以倾听他们的想法和感受，并提供一些缓解情绪的方法，如运动、冥想等。当然，家长在处理孩子情绪问题时，也需要保持冷静和耐心，帮助孩子逐渐学会管理自己的情绪。

● **建立开放和安全的情绪表达环境。** 与孩子分享你自己的情绪并询问他们的感受，让孩子觉得你是一个可以信任的倾诉对象。同时，当孩子处于负面情绪时，提供倾听和理解，而非批评或强制让他们改变情绪。

总之，在孩子的成长过程中，家长需要关注孩子的情绪变化，帮助他们接纳并管理各种情绪。建立正确的情绪观念，提供及时的共情支持，这不仅有助于孩子健康成长，也可以促进家庭成员之间的良好关系。

● 不同年龄阶段的孩子在接纳情绪方面的挑战是什么？

....

....

....

● 如何帮助不同阶段的孩子接纳情绪？

....

....

第三节

表达情绪

在一个晴朗的下午，欢欢和妈妈一起在楼下的小花园玩。欢欢非常开心，拿着妈妈给自己新买的小汽车开来开去。突然，一个小朋友无意间踩到了欢欢的小汽车。欢欢非常生气，但他并不知道怎么表达自己的愤怒，父母也从未教过他如何表达和处理情绪。于是欢欢用力推了那个小朋友一下，小朋友立刻摔倒在地上。

路远的父母最近很头疼，因为他们发现儿子升入高中后脾气变差了，也越来越难沟通了。比如上周末，原本一家人在餐厅里开开心心地聚餐，就是因为妈妈无意间说了一句："以前你初中有两个玩得好的同学上了职校，你以后还是少和他们交往了。"路远听了马上变了脸色，很不开心地说："交不交往跟上什么学校没关系，这是我的事情，你们不要管。"爸爸听了有些生气，认为妈妈是为了他好他却不以为然，回答时的态度也不尊重父母，于是在饭桌上当着亲戚长辈的面就批评了他。可批评的话还没说完，路远忽然就站起来，一脸委屈，愤怒地瞪了一眼爸妈，丢下一桌子亲朋离开了饭店。回到家后，路远和父亲又大吵了一架，父亲责怪他闹情绪不分场合，他认为爸妈过分干涉他的事情，吵到最后两个人不欢而散。之后父子俩就陷入冷战，家庭气氛也降到了冰点。

在欢欢的例子中，他面临着一种挑战性的情境，他很难处理自己的愤怒。由于父母没有教过他如何表达情绪，欢欢选择了一种不恰当的方式来应对——用暴力行为表达愤怒。这不仅损害了他和其他小朋友的关系，还可能导致他在类似情况下继续采用暴力行为。

要避免这种情况，父母应教导孩子用恰当的方法表达情绪。例如，父母可以教孩子如何用语言表达愤怒，可以说"我很生气，因为你踩到了我的小汽车"。此外，父母还可以告诉孩子在面临挑战时要保持冷静，通过深呼吸、计数等方法来平复情绪。这样，孩子在面对情绪波动时就能以更成熟、更合适的方式应对。路远的例子同样如此。

当孩子学会识别和接纳自己的情绪后，接下来的一步就是学会表达这些情绪。对于很多儿童青少年来说，表达情绪也许会是一件比较困难的事情。

当儿童无法有效地表达自己的情绪，他们可能就会感到困惑、沮丧或愤怒。表达情绪有助于儿童认识和理解自己的感受，更好地认识到自己的价值，增强自尊心和自信心，并能让孩子在与他人交往时，更好地传达自己的需求和感受，建立和谐的人际关系。儿童能够表达情绪，很多时候也可以避免因为情绪压抑而导致的行为问题，如攻击行为、自伤行为等。

因此，父母需要学习一些技巧来帮助孩子表达情绪，但首先需要给孩子建立一个安全的环境，因为只有在一个安全、接纳的环境里，孩子才能放心地表达自己的情绪。

学龄前儿童在表达情绪时往往较为直接，如哭泣、大笑或大声尖叫。身体语言是这个时期的儿童表达情感的重要方式，父母可以鼓励幼儿使用身体语言，如拥抱、亲吻、摸头等来表达情感。学龄期儿童则可能学会了更多种类和复杂的表达方式，如调整语气、使用肢体语言和面部表情等。

对于青少年来说，在这个特殊时期，情绪可能会在短时间内发生很大的变化，这是因为他们在情绪调节方面还不够成熟。这个时期，青少年也面临着很多的压力和挑战，比如学业压力、社交压力等，这些都可能导致他们情绪失控。十几岁的孩子很多时候可能在表达自己情绪上有困难，从而选择压抑或者不理性的表达方式，比如大声喊叫、打人等，这会导致他们的情绪问题得不到有效的解决。这时，家庭环境和父母的情绪状态对青少年情绪管理能力的发展有着至关重要的影响。

家庭环境是影响青少年情绪管理能力发展的重要因素之一，一个稳定、和谐的家庭环境可以帮助青少年建立安全感和信任感，从而更好地发展情绪管理能力。相反，一个不稳定、不和谐的家庭环境会给青少年带来不安全感和不信任感，从而影响其情绪管理能力的发展。父母的情绪状态也对青少年的情绪管理能力发展有着重要的影响，会直接影响到孩子的情绪状态，如果父母情绪不稳定，孩子也会受到影响。因此，父母需要学会管理自己的情绪，从而更好地帮助孩子发展情绪管理能力。

父母需要不断引导并帮助孩子使用更健康的情绪表达方式，而不是不表达、压抑或者通过攻击、过激行为来表达情绪。可以鼓励孩子探索不同的表达方式，以找到最适合自己的方式。

● **教授情绪词汇**：父母需要教授孩子描述情绪的词汇，帮助孩子学习和理解这些词汇，以及通过这些词汇更准确地表达自己的感受。平时也可以通过阅读书籍、看电影或者在日常对话中引入这些词汇。这样，孩子在面对不同的情绪时，能够更容易地将其表达出来。

● **教授表达技巧**：父母要教授孩子表达情绪的技巧，如使用恰当的语言、语音语调或使用恰当的身体姿势等，帮助他们更好地表达自己的感受。孩子需要知道，在表达自己的情绪时，应该使用什么样的语言和方式。比如，当孩子感到生气时，可以教孩子说："我感到生气，因为……"，而不是直接发脾气或摔东西。家长可以结合生活中的场景和事件，帮助孩子认识和体会使用合理方式的情绪表达，比如，怎样选择合适的场合、环境，如何避免过于情绪化争吵和攻击性行为，通过喜欢的方式养成日常表达习惯，如写日记、绘画等。

● 建立家庭情绪规则：建立家庭情绪规则，如不大喊大叫、不随意发脾气、尊重他人的感受、不用暴力解决问题等，创造一个和谐有序的家庭环境，这将帮助孩子在安全的环境中了解情绪的边界和适当的表达方式。

● 设定清晰的界限：对于孩子的行为，尤其是当他们情绪失控时，父母应设定清晰的界限。例如，告诉他们，生气是可以的，但是伤害自己或者他人是不被允许的。

● 用玩具或动物表达情绪：尤其针对学龄前儿童，可以让孩子通过他们的玩具或毛绒动物来表达情绪。例如，他们可以让玩具熊表达生气，或者让毛绒兔子表达快乐。

● 情绪日记：鼓励孩子保持写情绪日记的习惯，记录他们每天的情绪变化和事件。这不仅可以帮助他们更好地理解自己的情绪，也可以让他们学会表达情绪。

● 鼓励创造性表达：鼓励孩子通过绘画、手工艺、音乐、舞蹈等创造性艺术活动表达自己的情绪，这些方法可以帮助孩子用更自然、更有趣的方式表达情绪。

● **建立良好的人际关系**：教导孩子如何与他人沟通，建立良好的人际关系，这将有助于他们在与他人交往时更好地表达自己的情绪。

● **保持定期沟通**：与孩子保持开放、真诚的沟通，这可以帮助孩子感到被理解和支持，从而更愿意表达自己的情绪，让他们知道自己可以随时与家长分享感受。定期举行家庭会议，让每个家庭成员都有机会表达自己的情绪。

● **家长以身作则**：家长应该以身作则，用恰当的方式表达自己的情绪。孩子会模仿大人的行为，通过观察身边人的情绪表达，表达自己的情感。因此，父母需要用积极、健康的方式来表达自己的情绪，并及时解释他们的感受，让孩子了解这个过程。

● **给予孩子自主表达的机会**。可以给予孩子自主表达情绪的环境，让孩子能够没有顾虑地主动关注和表达自己的内心感受，不要轻易评价和批评孩子的负面情绪。特别是出现矛盾和问题时，适当允许孩子发脾气、表达不满，等冷静下来之后再进行理性讨论。

● **提供情感支持和安全感**。家长应该在孩子需要的时候提供支持和安全感，让孩子知道他们可以依靠家人和朋友来解决情绪问题。家长可以与孩子一起探索亲子间特别的沟通方式，制定解决家庭纠纷和问题的计划，并在孩子需要的时候提供帮助和鼓励。

- 不同年龄阶段的孩子在表达情绪方面的挑战是什么?

- 如何帮助不同年龄阶段的孩子表达情绪?

第四节

调节情绪

　　东东是一个10岁的男孩子，他正在努力拼一个复杂的乐高玩具，在尝试很多次后，他发现自己无法完成，感到非常沮丧和气愤。由于他不能有效调节自己的情绪，对自己产生了消极的自我评价，认为自己是不够聪明或者能力不足。这导致东东越来越沮丧，他选择用大喊大叫、摔东西和破坏玩具这些方式来应对他的不开心，但这些行为并不能解决问题，反而让他更加不开心。

　　方老师是一名高中班主任，最近她任教的班级发生了一件事，让她很担心。进入学期末，学生们的压力越来越大，学习气氛也日益紧张。某天晚自习开始不久，教室里就传来了吵闹声。方老师赶到时看到两个学生打成一团，好不容易把他们拉开，询问了原委才知道：原来是两位男同学在白天打篮球时产生了矛盾，晚上又因为一些小事再次发生了口角，言语不和一冲动就互相动起手来。老师和同学们把他们拉开时，两个男生还是怒目相对，都是一副气呼呼的样子。事后，方老师找两位同学谈话，他们冷静下来之后也认识到自己的问题，表示打架的行为不理智。但其中一个男生也说了他的困扰："我知道打架不对，但是每次遇到一些让人生气的事情我就容易发火，控制不住自己的情绪。"另一个男生听了，表示自己偶尔也有这样的情况。作为一个任教多年的高中教师，方老师也深知这个年龄阶段的孩子，的确有容易冲动、情绪控制困难等问题，可始终没有很好的办法帮助他们改善，这让她和同事们也很苦恼。

上面两个故事的主人公都遇到了情绪调节的问题。当孩子学会了识别、接纳和表达自己的情绪后，接下来的一步就是帮助孩子学习有效的情绪调节策略。

情绪调节策略是调节、管理和应对自己情绪的方法和技巧，可以帮助缓解孩子的负面情绪，如焦虑、沮丧、愤怒等，提高积极情绪，如乐观、自信、满足感等。掌握这些策略可以帮助儿童发展出解决问题的能力，使他们学会平静地处理情绪激动的情况，而不是冲动行事，这对于解决生活中的各种问题非常重要。情绪调节策略通常包括身体和心理两个方面。身体方面的情绪调节策略有深呼吸、运动、渐进肌肉放松等，心理方面的调节策略包括认知调节、问题解决、转移注意力等。

如东东，如果他能掌握有效的情绪调节策略，他可能会采取一些不同的应对方式。例如，他可以尝试深呼吸、暂时停止搭乐高去做其他事情来转移注意力、向父母寻求帮助，或者尝试调整心态，接受自己需要更多时间才能完成这个挑战的现实。

不同年龄阶段的儿童在学习情绪调节策略方面的需求和能力有所不同。学龄前期儿童在情绪调节方面往往更依赖父母，他们需要父母的引导和支持，父母可以教孩子学会一些简单的自我安抚方法，如拥抱自己、抚摸自己的头发或寻求父母的拥抱，也可以通过绘画、玩具、角色扮演等多种方式帮助孩子将情绪外化。对学龄期儿童，父母需要教导孩子分析问题、寻找解决方案，引导孩子学习更为成熟的情绪调节技能和应对策略。

青少年时期孩子的情绪波动较大，经常出现情绪高涨或低落的情况，这是因为青少年的生理和心理状态处于变化之中，他们还没有完全适应这种变化。比如，这个时期青少年大脑前额叶和额叶正在发育，这些区域与情绪调节和决策制定有关，这个过程会持续到他们20多岁，甚至30岁左右。因此，青少年在情绪调节和决策制定方面可能会有困难。同时，青少年的情感表达能力和情感认知能力发展还不够成熟，导致他们往往无法准确地表达自己的情感需求。此外，青少年的情绪也在不断地发展，会经历各种各样的情绪，包括愤怒、焦虑、悲伤等，这些情绪也可能会影响他们的行为和决策。同时，青少年还可能会因为自我意识的增强而过度关注自己的情绪，导致情绪波动较大。

父母在帮助孩子学习有效的情绪调节策略方面扮演着关键的角色，以下策略可以帮助孩子更好地应对和管理他们的情绪。

● **探索应对策略**。父母需要和孩子一起探索对孩子有效的应对负性情绪的方法，如深呼吸、听音乐、做运动等。这些方法可以帮助孩子在情绪失控时恢复平静。

● **掌握放松技巧**。父母可以向孩子传授深呼吸、冥想或者渐进式肌肉放松等放松技巧，帮助孩子更快地找到放松的状态和平静下来，更好地应对他们的情绪。

● **运动**。鼓励孩子参加体育运动和户外活动，父母也要多陪孩子参与这些活动，这有助于孩子释放压力和调节情绪。

● **运用积极的自我暗示**。积极的自我暗示可以帮助儿童以积极的视角和态度看待自己所遇到的问题，帮助他们建立乐观的心态。父母可以鼓励儿童使用积极的语言来描述自己的感受，比如"我可以做到这件事"或"我会感觉越来越好的"。

● **想象安全岛**。想象安全岛可以帮助儿童在他们的想象中创建一个安全、舒适的环境，这可以使他们更好地应对情绪。父母可以让孩子想象自己在一个喜欢的地方，可以是家里的床上或者公园的草地上，任何能让其感到舒适放松的地方都可以，当感到伤心难过或者烦躁时，可以想象自己身处安全岛。

● **认知重塑**。认知重塑是帮助儿童改变他们对事情的看法的技巧，这可以帮助他们更好地管理情绪。父母可以帮助儿童识别和挑战他们的消极思维，帮助他们用更积极的方式来看待事情。

● **聚焦问题解决**。引导孩子学会面对问题，教会他们冷静分析问题，并寻求合适的解决方案。父母可以和孩子一起进行"头脑风暴"来寻找合适的方案，记住，我们需要鼓励孩子更多表达，而不对孩子过多评判和否定。

● **正向强化**。当你的孩子成功地运用情绪调节技巧处理他们的情绪时，记得给予他们正向的反馈和鼓励。这可以帮助他们建立自信，同时也可以激励他们在将来面临情绪挑战时使用相同的策略。

● **学习有效压力管理**。负面情绪和压力也息息相关。家长和老师可以引导青少年学习识别和应对各种压力源，如考试压力、人际关系压力等，并教授压力管理技能，如可以通过适当的休息、运动、放松练习等方式来缓解压力。

● **先管理好自己的情绪**。父母和老师需要学会自我观察和自我调节，了解自己的情绪状态，并采取相应的措施来调节自己的情绪。例如，当你感到愤怒或焦虑时，可以采取深呼吸、放松肌肉等方法来缓解自己的情绪。

● **共同培养积极的情绪**。家长和老师需要和孩子一起学会培养积极的情绪，例如乐观、自信、感恩等。这些积极的情绪可以帮助孩子更好地应对生活中的挑战和困难，从而更好地管理自己的情绪。可以通过阅读、听音乐、运动等方式来培养积极的情绪。

● **寻求支持和帮助。**你和孩子都需要学会寻求支持和帮助，不要把所有的情绪都压在心里。可以和朋友、家人或专业人士交流，寻求他们的支持和建议。这样也可以帮助孩子更好地理解自己的情绪，并采取相应的措施来管理自己的情绪。如果青少年出现严重的心理问题或情绪障碍，如抑郁症、焦虑症等，建议家长及时寻求专业帮助，如心理咨询、心理治疗等。

健康地管理情绪有助于孩子保持良好的心理健康，让他们更有能力应对各种生活压力，在与他人交往时，建立健康和积极的人际关系。生活总是充满变化，而适应这些变化需要情绪调整的能力。孩子如果能够健康地处理他们的情绪，就能更好地适应环境变化，在遇到挫折时保持积极态度，即使在面临大的困难和挑战时也能保持乐观，从而更好地享受生活。

学习有效的情绪调节策略是一个长期的过程，需要耐心、关爱和支持。父母要为孩子设定合理适度的期望，避免过高的期望给孩子带来不必要的压力。只要用心去引导，孩子就会在成长的过程中逐渐学会调节自己的情绪，培养健康、稳定的情绪管理能力。

● 不同年龄阶段的孩子在学习情绪调节技巧方面的挑战是什么？

● 家长和老师怎样帮助不同年龄阶段的孩子有效调节情绪？

小黑板敲重点

　　虽然本节列出了儿童青少年情绪调节中一些基本策略，但家长在这个过程中要注意：每个孩子都是独一无二的，也是在不断发展变化的。重要的是通过引导和陪伴孩子不断尝试，找到适合他的调整策略，以接纳、理解、鼓励的态度支持孩子的每一次尝试，并赞赏他的每一次努力，让孩子成为调节情绪的主角，最终使情绪调节成为自己拥有的能力。

　　此外，对于学生的情绪管理，学校其实也扮演重要的角色，可以从以下三方面开展工作：

（1）设置情绪管理课程：学校可以设置专门的课程来教导学生认识和管理自己的情绪，包括情绪表达、情绪调节等内容。

（2）建立情绪支持系统：学校应该有开放式的心理咨询中心，以便学生随时寻求专业帮助和指导。

（3）多元化培养：学校应该注重培养学生的社会交往能力，通过各种活动培养他们的合作精神和沟通技巧。

情绪对话

还记得本章第三节"情绪故事"里的路远一家吗？在不愉快的家庭聚餐之后，次日晚上，父母找到路远，对于餐厅里发生的不愉快与他认真地谈了一次话：

父亲 路远，上周末在餐厅里，我当着那么多人的面批评你，这一点上我做得不好，你是不是觉得特别没面子？爸爸向你道个歉！可能是我们在关心你的时候，没有注意到你的感受和需要，给了你一些压力和困扰。

妈妈 是的，我直接评论你的朋友们，还提出一些你很难理解和接受的要求，你肯定是不开心的，现在感觉好点了吗？

路远 我还是有点生气，虽然知道你们是为我好，但交朋友是我的个人问题，你们提出的要求让我感觉是在贬低我的朋友，还干涉我的交友权，我心里很不舒服。而且你们在公共场合指责我，让我非常难堪！

妈妈 我们并没有想要管你的交友问题，只是觉得有些同学不太适合你，希望你能注意一下。当时有些着急，语气就重了一些。虽然我是家长但也会有说话方式不当、情绪管理不好的时候。请你谅解一下妈妈好吗？事后我认真想了想，也许我太焦虑了，怕你交到坏朋友，我应该给你更多信任。

父亲 我们理解你的想法，但是作为家长，我们也有责任关心你的成长和发展。我们并不是指责你，而是希望你能有更好的发展。而且我发现你最近的脾气和沟通方式变了很多，我们很担心你遇到了什么问题。

路远 其实我也想和你们聊聊。最近因为学习压力大，我觉得很疲劳和烦躁，可能那天也有些冲动，直接发火走掉做得不对。其实我也意识到自己在沟通和情绪管理方面还有很多需要改进的地方。对不起，我会改的。

父亲 我们理解你的压力，也会尽量给你更多的支持和理解。作为父母我们也会和你一起努力。

妈妈 是呀，我们一家人可以一起努力让家庭沟通氛围更好。比如像今天这样坐下来谈一谈，每周开一次家庭会议，大家可以分享自己的近况和问题，也说一说让人不开心的事，再一起讨论解决方案。

路远 谢谢你们理解我，我会认真地再想一想自己交朋友的标准，以后在人际交往或者其他方面遇到问题，也会找你们商量。

第四章

情绪养育
小技巧

儿童青少年相较于成年人而言，具有更敏锐的情绪感受力和想象力。受制于心智化程度，他们对情绪的觉察、表达和应对的能力尚在发展中，这就意味着儿童青少年更容易被情绪影响甚至裹挟，并通过身体，冲动的想法、行为或者以梦境、故事的形式表现出来。

一是身体。一直以来人们都认为情绪在"心里"，其实我们都知道"心身一体"。情绪不仅仅在"心里"，从头到脚，整个身体都是情绪器官，这与我们的大脑构造和功能有关。例如：当压力大任务重时，肩膀就会变得沉重，久而久之甚至出现被"压弯了腰"的身体表现；当感觉到害怕恐惧时，整个的脊椎和后背就紧绷起来，尤其是颈椎和腰椎会感觉紧绷、酸痛等；当内心感觉无力、耗竭、失去能量时，身体会呈现出活动减少、无力动弹等状态。情绪和身体是紧紧联系在一起的，通过身体反应我们可以看到一个人的情绪状态。

身体与情绪的关联，除了与大脑构造有关，还与文化背景有关，尤其是家庭文化。不同文化中对情绪的关注度和容纳度是不同的。在有的家庭文化中，相较于情绪感受，身体出现不舒服更容易得到关注和允许，这会在无意中强化甚至固化通过身体反应表达情感的行为。例如：有的孩子每每在重大考试前就出现发烧、拉肚子等身体反应，其实这与情绪和压力息息相关。当我们看到身体反应背后的情感因素，接下来就要给情绪方面更多的关注和理解，为情绪找到出口，那么无论家长还是孩子，就不再需要通过一味的身体反应表达情绪感受了。

二是冲动想法和行为。人们时时刻刻处于情绪之中。儿童青少年的理智化程度尚在发展中，情绪的识别、表达和调节能力尚未成熟，对情绪的容纳力比较低，这些因素导致他们很容易陷入情绪之中，引发冲动的想法和行为。

家长们可能会发现，当孩子出现冲动想法和行为时，我们往往会尝试通过"讲道理"的方式去干预孩子，但效果并不明显。这与大脑的左右脑分工有关，简单来说，"知道很多道理"是掌管理性的左脑在工作，而情绪感受是掌管情感的右脑的工作。左脑理性的"钥匙"打不开右脑情感的门，一味地讲道理会导致对情感的压抑，不利于情绪的识别、表达和调节。相对于"讲道理"，家长更需要为孩子提供一个能够自由表达情绪的安全空间、一种能给情绪带来缓冲的安全媒介（如绘画、音乐等），以促进情绪的宣泄和释放。在这个过程中不仅能锻炼孩子，提高其对情绪的调节能力，还能使孩子学习和领悟新的情绪应对策略，最终改变想法和行为。

三是梦境和故事。每个人都会在生活里经历各种事件，由于事件本身性质不同、对自身的重要程度不同，会造成当事人不同强弱的应激反应，引发多种情绪。若当事人遇到灾难性、冲突性事件，则会引发失控、无力、悲伤、恐惧、失望甚至绝望等负性情绪。这时，需要足够的情感抚慰，才能帮助当事人接受现实，以更好地开展接下来的生活。

通常来讲，儿童青少年与成年人群对应激事件的耐受性是不同的，也许很多事情对成年人而言只是"家常便饭"，但却能在儿童青少年心里掀起"风暴"。面对无法耐受的应激事件，当事人可能出现几种现象：回避、闭口不谈，隔离压抑情感；语言表达受限，无法有效表达；述情困难，不能表达情感，等等。以上现象会造成情绪的压抑和积累，进一步引发上文提到的身体反应、冲动想法和行为，同时也会激发出有相似情绪体验的梦境。

因此，引导和帮助儿童青少年识别、表达和调节情绪对于他们的心身健康成长非常重要。如果情绪被回避、压抑或没有得到有效的释放就会通过身体反应、冲动想法和行为、故事或梦境等方式呈现出来，而真正的情绪却没有得到处理，对于本人也失去了学习调节情绪的机会。我们需要为孩子提供一些方式和空间，促使他们对自己经历的应激事件进行表达、释放、整合，这样才能更大程度保证他们持续健康成长。

那我们该如何引导和帮助孩子进行情绪的识别、表达和调节呢？我们知道，儿童青少年有自己的特点，比如：拥有丰富的想象力、创造力、感受力等。针对这些特点，具有创造性、表达性、互动体验性的干预方法将更有利于引导他们识别、表达和调节情绪，提高心智化程度，发展出自我抚慰、自我整合的能力。对于常用的表达方式如身体反应、冲动想法和行为以及故事叙述、梦境等，本章不仅介绍了如何以艺术、游戏、故事为媒介，通过象征、隐喻的方式进行情感表达和调节，还提供了很多常用的融入日常生活中的非艺术的管理技巧，从四个方面，既为孩子日常的情绪管理提供"养料"，也对极端情况下的情绪提供应急方法。希望本章能帮助家长和孩子"看到"情绪，为情绪识别、表达和调节提供开启点，更有效地识别、表达和调节情绪。

此外，文中列出的方法，家长同样可以自己使用以恢复内在的稳定。因为家长情绪行为的稳定也能给孩子带来积极影响，起到示范作用，对帮助孩子识别、表达和调节情绪非常重要。

第一节

专注于身体：开启情绪流动

我们常说"心身一体"，这就意味着情绪会通过身体的舒服或不舒服呈现出来，而身体的舒服与否同时影响着情绪。被压抑的情绪若未得到有效表达就会通过身体反应呈现出来。常常出现的身体反应有：胃口增加或减退、睡眠质量下降、嗜睡/少眠、反胃呕吐、排便增多或减少、身体无力或某些部分的疼痛、紧绷、沉重感，等等。

面对这种情况，我们可以尝试把身体作为开启点，通过一系列专注于身体的体验练习，舒缓身体感受，调整情绪。同时，不能因为身体的反应给情绪带来更多的影响。

1
"身体舒缓"体验

此方法可以在身体出现疼痛、紧绷、沉重感等不舒服症状的时候使用。

所需材料：A4纸，彩色的笔（油画棒、马克笔、彩铅、水彩笔等皆可）

体验步骤：

1 在纸上画出一个象征自己身体的轮廓。

2 在身体轮廓上，用和自己的感受相匹配的颜色、形状、线条标注出感觉不舒服的身体部位。

3 任选一个不舒服的身体部位，把注意力放在这个身体部位，深呼吸，感受这个部位跟随呼吸在舒展和收缩，重复3～5次，感觉身体的这个部位慢慢松弛下来。

4 再次感受上一步中提到的身体部位此刻的感觉，然后在相对应的身体部位上，用和自己此刻的身体感受相匹配的颜色、形状、线条，在刚才的创作上做添加。

5 绘画完成后，再次把注意力放在这个身体部位，深呼吸，感受这个部位跟随呼吸在舒展和收缩，重复3～5次，感觉身体的这个部位慢慢松弛下来。再次感受这个身体部位此刻的感觉，然后在相对应的身体部位上，用和自己此刻的身体感受相匹配的颜色、形状、线条，在刚才的创作上做添加。

6 绘画完成后，再次把注意力放在这个身体部位，深呼吸，感受这个部位跟随呼吸在舒展和收缩，重复3～5次，再次感受身体的这个部位此刻的感觉以及全身的感觉。

7 当以上部位不舒服的感觉得到了缓解，可以结束体验。也可以尝试把注意力聚焦到下一个不舒服的身体部位，再次重复以上步骤。

8 旁观自己的绘画作品，从最初的不舒服部位的呈现，到体验以上过程后身体感觉的绘画呈现。用口语表达在以上过程中自己的感受和想法。

以上方法通过形象化、象征性的方式，把身体感受表达出来。深呼吸的方式可以抚慰到自己的身体和情绪，使体验者稳定下来。当身体不舒服时，伴随而来的是情绪上的起伏，如焦虑紧张、愤怒生气等。这些情绪很容易被忽略，然后就会通过身体的感受呈现出来或者在身体不舒服的基础上又叠加了情绪引发的不舒服的感觉。通过以上方法，一是可以部分抚慰到身体；二是通过深呼吸也可以平复当事人的情绪。通过抚慰身体去平复情绪，而当情绪平复下来之后身体会感觉更加放松，这是一个互相影响的过程。

通过旁观自己的作品，可以使感受到达意识的层面。体验者能够用口语表达自己的身体感受是什么、情绪感受是什么，这能提高儿童青少年对情绪的识别、表达和调节。同时，通过这种方式，体验者能够发现抚慰自己身体的方式，不管在什么时候，当事人都可以有更多的选择让自己的身体更舒服一些。此外，当事人还会发现身体和情绪之间的关联，这能帮助我们从情绪角度去理解和调节身体反应，通过身体反应更敏锐地觉知情绪。

以上方法不仅适用于儿童青少年，也适用于成人。家长同样可以用这种方法抚慰身体和情绪。很多身体反应和情绪是有关联的，在身体没有病理性变化的情况下，身体的不舒服通常是情绪的外现。而随时随地去觉知情绪，其实是一个很大的挑战。我们不妨直接针对身体进行干预，当身体感觉稍稍舒服一点，情绪感受也会不一样。

使用以上方法时，可以一个身体部位接一个身体部位地逐个进行干预。如果专注力有限，也可以就其中一个最不舒服的身体部位先进行干预。建议家长可以提前自行进行以上练习，这样在引导孩子的时候会更有经验。如果家长和孩子共同参与，家长的陪伴可能会使孩子感觉更安全，更能促进孩子的情绪呈现和表达。

2
"身体放空"体验

体验步骤：

1 找一个足够大的方便活动的安全空间。

2 引领孩子稍稍舒展自己的身体，如甩甩手、踢踢腿、跺跺脚、伸伸腰等，做这些动作时嘴巴里可以发出某些声音以让自己更舒服。

3 引领孩子从头部到脚部一个部位接一个部位（头、颈、肩膀、胳膊、双手、整个后背、腰部、臀部、大腿、小腿、双脚以及十个脚趾头）地跟随重力的牵引慢慢垮下来，感受身体从头到脚放空的感觉，同时调整自己的呼吸。

4 引领孩子从脚部到头部一个部位接一个部位慢慢和身体重新联结、直立起来。（如：双脚、十个脚趾头重新稳定地站在地板上，小腿和双脚重新联结，直立起来，大腿和小腿重新联结直立起来，臀部和大腿重新联结直立起来，腰部和整个背部与身体重新联结直立起来，肩膀、胳膊和双手与身体重新联结，颈部和头部与身体重新联结直立起来）

5 引领孩子调整自己的呼吸并感受身体放空后重新联结起来的感觉。（如有需要可以再重复一次，效果会更明显）

6 用口语表达身体此刻的感觉。（把感受口语化，促进情绪辨识和表达）

通过这种方式可以比较快速地使孩子感受到身体松弛放松的感觉，这对缓解情绪引发的身体紧绷、疼痛、沉重感等有帮助。在这个过程中家长引领孩子共同体验，有助于孩子更快地投入体验中。

3
"身体安慰"体验

体验步骤：

1 找到一个足够大的方便活动的安全空间。

2 跟随自己的呼吸节奏，双手做向外推窗的动作。（体验者会有种把一些东西推开的感觉）

3 结合呼吸，两手轻握，跟随呼吸的节奏在胸前画"∞"。（这个动作会让体验者感觉到平衡和稳定）

4 双手交叉放在上臂的位置。跟随呼吸的节奏，左右轻轻摇晃上半身，抱抱自己、哄哄自己。（这个动作使体验者感觉放松、安全、稳定等）

　　这个方法可以在任何时间使用，以给自己的身体带来抚慰，唤醒身体的积极感受。建议家长和孩子一起参与体验，也可以家长和孩子分别单独使用此方法。此方法对儿童青少年和成人都有积极帮助。

4

"得到 / 给予"主题绘画

此操作建议家长和孩子共同参与，互相分享作品，促进双方对彼此的理解和支持。

所需材料：A4白纸两张，彩色笔（彩铅、水彩笔、油画棒、马克笔等皆可）

体验步骤：

1 左右手五指微微张开，分别放在白纸上，挑选任意颜色的笔分别临摹左右手轮廓。（通过临摹身体，帮助孩子暂时稳定下来）

2 左手意味着想要得到的，右手意味着想要给予的。分别在左右手轮廓内，通过象征性的颜色、形状、线条呈现想得到和给予的。（双手作为身体中最为成熟的劳动工具，具有得到/给予、接受/拒绝、拿起/放下、战斗/逃跑等功能。以双手作为锚点，促使孩子回归内在的稳定，表达内在的情感需求）

3 　绘画完成后，沿着绘制的双手轮廓分别把纸张上的双手撕下来。（撕纸的过程会让孩子们感受到掌控感，有助于激发力量感）

4 　表达、分享双手绘画的内容。（促进孩子通过口语表达内在情感和需求）

5 　孩子和家长交换意味着想给予的"右手"，建议把意味着想得到的"左手"作为书签自行保存。（家长和孩子在交换中促进情感联结；自行保存的"左手"给孩子方向和力量）

　　此方法通过聚焦身体（双手），帮助孩子稳定下来。此方法可以在任何时候使用，有助于促进孩子觉察自己对情感的需求和期待，增加家长对孩子的了解。

第二节

创造一个出口：把情绪释放出来

当人们卷入某种情绪中时，其认知想法和行为也会被影响。尤其是青少年人群，对情绪的识别、表达和调节能力尚在发展中，当他们陷入负性情绪时，情绪往往在认知想法和行为方面表现出来，如：消极想法增多、自我评价过低或过高、人际冲突变多、电子产品的使用变多、消费变多或过于节制、兴趣爱好减退、少言少语或多言多语、行为退缩、动力减少、易被激惹，甚至出现伤人毁物、自残自伤自杀等冲动想法和行为。

如果孩子出现以上想法和行为，家长作为孩子身边最为重要的陪伴者和照料者，有责任帮助孩子度过现下的困难时刻。家长可以尝试以下方法帮助孩子缓解冲动，调节情绪，激发动力。若孩子存在风险性的想法和行为，请及时就医求助。

1 "自由圈"体验

所需材料：A4白纸一张，彩色笔（彩铅、水彩笔、油画

棒、马克笔等皆可）

　　体验步骤：

1 引导孩子在纸上任意画一个足够大的圆形。（相当于为自己创造一个绝对安全、私密、自由的空间）

2 感受此刻自己内在最强烈的情绪或冲动。（觉察情绪）

3 挑选与自己的感受相匹配的某种颜色的笔，用与自己的感受相匹配的线条、形状、速度、力度进行涂鸦。（给冲动和情绪一个出口，接纳情绪）

4 任意挑选另一种颜色的笔去回应自己刚才的涂鸦，使这幅创作让自己看起来更舒服。（提高情绪的自我调节能力）

5 给作品命名并分享整个创作过程中的感想。（把感受口语化，识别"自我意识过程"，提高心智化水平）

　　当儿童青少年陷入情绪或冲动中，可以用以上方法为自己绘出一个安全空间，让自己暂时稳定下来。接下来他们会觉察到内在情绪/冲动，用与其感受相匹配的任意颜色、形状、线条将这种情绪或冲动呈现出来。绘画或涂鸦本身就是一种疗愈，相当于给参与者提供了空间和缓冲，这能帮助参与者拥有自处的时刻，回到自己内在的稳定时刻。创作即疗愈，在创作中，参与者的情绪/冲动已经得到缓解。

以上方法不单是为参与者提供一个情绪释放的出口，还希望当事人能给自己的情绪/冲动一些新的回应，也就是说给自己提供一种新的可能性。在以上体验中，可以在引导参与者把情绪/冲动通过颜色、线条、图形等呈现后，再建议他在自己的即兴涂鸦创作上做一些添加，目的是让当事人感觉这幅作品看起来让自己更舒服一些。当事人开始去思考的时候，往往就会有一个新的开始，他会在自己的作品中对自己做一个新的回应，在这个体验步骤中，主动性、灵活性会出现。对自我的回应意味着不仅能识别、表达情绪或冲动，还能转化情绪或冲动。这样参与者不仅能表达情绪或冲动，还能转化情绪或冲动，就开始形成自我照料的能力。

最后，要引导参与者通过语言描述创作过程中自己的感想，如可以问：你最开始的涂鸦创作是哪个部分？它是在表达什么？给自己回应后，这幅作品看起来有什么不一样吗？在这个过程里你会感受到什么、想到什么？……用以上方式引导参与者表达，相当于让他把内在的情绪和冲动性的想法行为从感受层面上升到理智层面，从无意识层面上升到意识层面，由此，心智化的水平也得到提高。

在临床实践中，以上方法对疏导儿童青少年和成年人的情绪和冲动想法或行为都有明显效果。建议家长引导孩子去体验，当然家长和孩子都可以使用这种方式去调节情绪。

2
音乐情绪同步

音乐可以同时对身体反应、情绪和认知想法带来影响。音乐本身具有的物理特性、审美功能、情绪功能和人际功能，对孩子识别、表达和梳理情绪有积极作用。一般来讲，儿童青少年都比较喜欢音乐，接下来分享"音乐情绪同步"这一情绪干预法。

体验步骤：

1 家长与孩子沟通，了解孩子此时此刻最想听的乐曲，如可以问：你现在感觉怎么样？你想来点音乐吗？听什么乐曲会让此刻的你感觉舒服一些？……（引导孩子发现更多资源和方式，如音乐等，帮助孩子回归自己、抚慰自己）

2 播放孩子想听的乐曲，家长陪伴孩子去听和感受。（听的过程其实是为孩子提供一个足够安全、允许情绪表达的"自处"空间，而家长的陪伴会使孩子感受到安全和支持）

3

听完音乐后，家长和孩子分享听这首乐曲的感想。（促进孩子把感受口语化，增强其对情绪的觉察、识别和表达。家长要认可和理解孩子的情绪感受，不评判、不评价）

4

在孩子同意的基础上，邀请孩子分享更多他想听的乐曲，家长陪同共赏并在听后讨论分享。（不同的乐曲会带来不同的情绪感受，对孩子的情绪表达和调节有积极作用）

"音乐情绪同步"的方式可以为孩子的情绪提供一个出口，起到缓冲作用，有利于促进情绪调节，同时能增进亲子关系，而良好的亲子关系对青少年的情绪稳定有重要价值。

3 情绪气球

所需材料：气球

体验步骤：

1

引导孩子觉察此刻的情绪和冲动，让孩子在吹气球的时候把所有的不舒服、不愉快、烦恼和冲动等情绪感受全都吹到气球里去。

2

根据孩子的意愿去选择扎破或踩爆这个装满了情绪的气球，也可以把气球的气吹足了之后再把气放掉。

通过以上象征性的方法帮助孩子识别、表达、释放情绪及冲动，这会使参与者有轻松和释放的感觉。往气球里吹气，意味着把不开心、不舒服等各种情绪冲动发泄出来，孩子会感觉到轻松、舒服一些。

气球吹满气后，如果参与者感觉踩爆气球或扎破气球发出的声音让其感觉恐惧的话，可以尝试把气球里的气放掉。

以上方法安全、简单、有趣，很容易吸引孩子积极参与，可作为处理儿童青少年的情绪或冲动的可替代性方法。

4
即兴打击乐

所需材料：鼓类或奥尔夫乐器（即通过简单敲击就能演奏的乐器。易于上手演奏的乐器能让参与者更大程度忽略演奏技巧，更容易减轻演奏者的压力，激发演奏者的动力和掌控感，有利于演奏者情绪的表达和释放。建议准备不同大小、形状、材质的易上手的乐器，以便演奏者有所选择）

体验步骤：

1 引导孩子通过演奏乐器来表达情感。孩子可挑选在那个时刻最想演奏的乐器，用任意的方式敲击演奏，表达内在的情感。

2 让孩子为刚才的演奏命名。

3 让孩子描述在整个演奏过程中的感受。

乐器提供了一个允许表达的空间、媒介和缓冲方式。引导孩子通过即兴演奏表达情感冲动可理解为向儿童青少年表达：所有情绪都是被认可的。这样可以鼓励孩子识别、表达、接纳情绪。同时即兴演奏的方式不但不会伤人伤己，反而能创作出独一无二的乐曲。建议家长引导孩子看到：所有情绪都是有价值的，是可以转化的，可以带来创造和升华。

5 撕纸

所需材料：纸（纸的材质、大小等可以由孩子自行挑选，或家长提前准备，最好是容易撕的纸张）

体验步骤：

1 跟随自己内在最强烈的冲动，用自己感觉最舒服的速度、力度、方向等任意撕纸。

2 撕纸后，用语言表达此时此刻的情绪。

当孩子处于强烈的情绪或冲动中时，此方法可有效释放和缓解情绪或冲动，以免在强烈的情绪或冲动出现时引发伤人伤己的行为。家长和孩子也可以举一反三，探索更多方式方法，如砸枕头、枕头大战、戳橡皮等，以更好促进情绪或冲动的释放和缓解，提高孩子对情绪的觉察和表达能力。

6 合唱

当一个人能够真正融入人群，才会体验到"在一起""我不是一个人"的安全感、归属感、力量感等，这些感受进而又影响到一个人的认知想法和行为。体验到"在一起""我不是一个人"等情感，对人们稳定情绪和行为、更好地去面对和投入生活非常重要。

所需材料：预先准备的歌曲歌词/唱歌App

体验步骤：

1 与孩子沟通双方喜欢的歌曲，准备好歌词或唱歌App。

2 与孩子跟随原唱歌唱。

3 和孩子自行合唱。

4 和孩子轮流接唱。

合唱歌曲会使参与者真正体验到"在一起"的感觉。真正感受到"在一起"与理性层面知道"在一起"是不同的。音乐能跨越理性层面，直达感受层面。在以上过程中，歌唱的过程就是表达和调节情绪的过程。最初的跟唱可以使参与者体验到被引领的安全感和融合的感觉，这对一个人的情绪和行为的稳定有积极作用；当脱离原唱，家长与孩子合唱时能发展出融合、支持、信任的亲子关系；当家长和孩子轮流接唱时，意味着家庭成员既能够融合信任，又能够允许各自发展出自我。这个过程对稳定孩子的情绪、行为和认知很有效。需要注意的是，在合唱中要忽略歌唱技巧，关注共同做一件事时"在一起"的联结时刻。

除了合唱之外，还可以尝试共同做更多事的方式，促进孩子的情绪表达和调节。如：合奏（建议选择鼓类/奥尔夫类简单易操作的乐器）、合作绘画（家长和孩子共同在一张纸上合作绘画）、亲子即兴舞蹈等。艺术直接与人们的情感联结，建议家长多尝试通过艺术形式与孩子合作，促进孩子对情绪的识别、表达和调节。

第三节

尝试说出来：摆脱应激情绪反应

每个人在生命历程中都会经历大大小小的应激事件，当然也包括儿童青少年。儿童青少年遇到的常见应激事件有：家庭成员的生老病死、家人或同伴关系中的人际冲突、居住或学习环境的变化、外部环境中的灾害等，以上事件很大可能会给儿童青少年人群带来应激反应。孩子们没有成年人的理智化程度高，应激事件引发的恐惧紧张情绪常常通过身体反应、行为或梦境呈现出来。如果你的孩子正在经历应激事件，可以尝试以下方式让孩子的情绪和身体行为重归稳定。

1
"安全岛"

"安全岛"技术可以在亲历应激事件后即刻使用。儿童青少年和成人都可以使用此方式获得此刻的稳定。

所需材料：A4白纸一张，彩色笔（彩铅、水彩笔、油画棒、马克笔等皆可）

体验步骤：

1 请孩子回忆或者想象一个使其感觉特别安全、放松、舒服的地方或者场景。这个地方可以是过去他现实中曾经体验过的，也可以是想象出来的；可以是在地球上，也可以是在外星球上。

2 通过绘画呈现这一使其感觉特别安全、放松、舒服的地方。

3 让孩子为作品命名，并分享作品。

创作者绘画的过程能强化他的积极体验，带来安全、放松的感觉。绘画完成后，孩子与家长分享作品，家长要善于倾听孩子的表达，根据孩子的表达去理解他的情感需求和期待，给予孩子接纳和支持，使孩子在经历应激事件后更快稳定下来，增强稳定性。

在创作时，如果孩子找不到属于自己的一个安全的地方，不管在现实还是想象中都没有这样一个地方的话，那意味着这个孩子可能在内心中就没有立足之地，孩子处于这样的情感状态中会存在一定的风险。这时家长需要特别关心、关注孩子，也建议家长陪孩子去寻求专业心理服务方面的帮助。

2
"我的世界"故事书

所需材料：笔记本/手账本，中性笔，彩色笔（彩铅、水彩笔、油画棒、马克笔等皆可）

体验步骤：

1 孩子为自己挑选喜欢的笔记本/手账本，这个过程相当于拥有了一个绝对安全、自由的空间。可以给这本笔记本/手账本命名为《XXX的世界》故事书"。

2 引导孩子回看近一周发生在自己生活中、给自己带来情绪和触动、对自己而言重要的1～3件事。

3 让孩子忽略修辞和技巧，通过自由书写和绘画的方式呈现近一周对自己而言重要的事件。

4 让孩子为自己的这一周命名：对于XXX_____的一周。

5 孩子可以选择与家长分享讨论获得支持理解，也可以选择不分享自行保管。

孩子拥有笔记本/手账本，相当于拥有了一个绝对安全、自由、私密的空间。通过书写与绘制生活事件，可以帮助孩子梳理生活事件带来的内在影响，这对恢复孩子的稳定性有积极意义。同时，用书写或绘画的方式，以天/周/月等时间周期呈现自己的生活事件，假以时日会积累一系列的创作，当孩子再去翻看自己积累的书画作品，就能看到自己的变化和成长，吸取面对不同事件的经验心得。

3
画出应激事件 / 梦境

面对应激事件或某些梦境引发的强烈的恐怖或紧张情绪，孩子可能会由于过于恐惧而闭口不谈、回避压抑或不知如何表达。这些没有被表达出的强烈情感在被压抑后会引发孩子的身体反应或某些不恰当的行为。当孩子面对应激事件时，促使情绪得到有效表达，才能使孩子更好地稳定下来。绘画的方法比较容易降低孩子的防御，也能通过象征性的方式帮助孩子有效表达。

所需材料： A4白纸一张，彩色笔（彩铅、水彩笔、油画棒、马克笔等皆可）

体验步骤：

1　让孩子画出应激事件或梦境。

2　让孩子与家长分享自己的作品。家长通过孩子的绘画创作了解和共情孩子的内在感受，使孩子感受到支持、温暖和安全感。

3　由孩子决定如何处理这幅代表着恐惧、紧张的绘画作品，如：撕掉、丢进垃圾桶、烧掉等。（使孩子感受到自主权和掌控感，回归内在的安全和稳定）

　　绘画通过象征性、隐喻的方式呈现，有助于儿童青少年情绪的表达和释放。当情绪通过绘画这种"外化"的手段呈现出来后，孩子也得以从情境引发的强烈情绪中剥离出来。家长的共情和支持，能帮助孩子获得更多的安全感和力量。最后由孩子决定如何处理这幅绘画作品，使孩子拥有主动权和掌控感，回归内在的安全和稳定。儿童青少年通过上面的方法能学习到处理应激事件/梦境的方式方法，这对他们在以后的生活中灵活应对各种应激事件有很大帮助。

　　以上内容从情绪可能引发的身体反应、想法行为以及孩子可能会经历的应激事件三个部分，针对性地分享了一些干预孩子情绪的方法，家长可以灵活使用。当然，家长也可以触类旁通，发展出更多具有表达性、创造性的方式方法，促进孩子对情绪的识别、表达和调节。

其实每一种情绪都值得被认可，它就像生活中的酸甜苦辣各种味道，每种情绪都值得去品尝、体验。重要的是当孩子陷入某种情绪时，要正确引导孩子去处理情绪，这是家长在养育孩子过程中需要负起的责任。家长能有效地识别、表达和调节自己的情绪，对孩子而言则是最好的示范。家长引导孩子有效地识别、表达和调节情绪，可以使孩子不过多压抑情绪或卷入情绪风暴，使孩子拥有更高的心智水平，更灵活、更稳定、更有力量地面对生活、学业和人际交往。这对于家长而言，也是非常值得欣慰和骄傲的事情。

第四节

日常生活中的情绪养育技巧

当知道了自己有什么样的情绪时，就可以进一步对情绪进行管理了。由于儿童青少年的身心发展特点，他们可能会出现非常强烈的情绪和行为冲动。有时候家长面对孩子强烈的情绪波动可能会手足无措，因此，这一章提供了一些根据儿童青少年心理发展特点制定的情绪管理小技巧，以帮助未成年人管理情绪。

作为家长，可能也需要掌握一些情绪管理技能。相较于成年人，儿童青少年的情绪总是突如其来、非常猛烈，这可能也会让部分家长出现比较强烈的情绪或是无助感，可如果家长带着情绪去与孩子沟通，是不利于改善现状的。在本节，我们还会提供一些情绪和行为管理小技巧，帮助家长应对自己和孩子的情绪行为，以期共同促进孩子的心理健康。

● 运用身体反应安抚极端痛苦

痛苦可能以两种方式呈现，一种是向外的，一种是向内的。向外的痛苦会表现为暴怒、摔东西、攻击性的行为等；向内的痛苦会表现为抑郁、没有动力，有的人会伤害自己，甚至自杀。面对这样的情况，我们首先要知道两点：一是非常激烈的情绪不会持续很久，一般在45分钟左右会在一定程度上衰减；二是在情绪非常激动的时候，理性的思考可能是不管用的。基于此，可以通过相反的身体反应，让情绪的激烈程度下降。具体步骤如下：

◆ 判断这是否为极端情绪。极端的情绪会带来极端的表现，如不可控制的崩溃大哭、强烈的自杀自伤冲动或行为、无法控制的暴力行为、摔东西。这些表现的共同点是会对自己或他人造成伤害，并且对于儿童和青少年来说，在这个时刻他们无法控制自己的行为，也无法进行理性思考。

◆ 根据极端情绪的指向选择不同的身体反应策略。当极端情绪指向外部的时候，也就是处于暴怒状态时，身体处于"热"的状态，我们需要通过一些身体反应让情绪"冷"下来。最简单直接的方式是用冷水洗个脸。如果不够"冷"，也可以选择将手放在0℃左右的冰水中。当然，这需要家里常备一些冰块或者冰袋，以备不时之需。注意，使用冰水的前提是你的孩子没有心脏健康问题。基于此策略我们也可以进一步拓展，如手握冰棒、洗冷水澡等。相反，如果极端情绪指向内部，也就是处于严重抑郁状态的时候，身体需要的是"温暖"。喝一杯温水、手握温暖的东西或毛茸茸的毛毯和玩具，都有可能让身体"暖起来"。同样，我们可以进一步思考，看看有哪些其他的身体反应策略，注意这个策略要方便使用。

◆ 与孩子就极端情绪下身体反应策略的使用达成一致。前面说到的策略，是需要孩子自主使用的，但是在极端情绪下，他们没有办法思考，因此做好预案很重要。家长需要充分使用沟通的策略，与孩子讨论他们愿意为自己的极端情绪做些什么。我们可以向孩子提供上述身体反应策略，询问孩子是否愿意在情绪非常激动时使用其中的一种或几种。如果孩子不愿意沟通，我们可以根据本书前面提到的内容尝试改变沟通策略；如果沟通依然非常困难，也许可以寻求专业人士的帮助，如学校心理老师、心理咨询师/治疗师等心理健康领域的专业人员。

● 当孩子处于极端情绪时如何沟通？

我们可以回想一下孩子比较小的时候，如两岁或者是三四岁，非常困、要睡觉之前的状态，在那个时刻，我们是不是也感觉非常无助？因为那时候无论我们说什么做什么，似乎都没有用，孩子陷在他们自己的情绪中，我们的任何行动都很难让他们平静下来。那个时候，我们会怎么做？有的家长可能会暴跳如雷，有的可能会崩溃大哭，有的可能会沉默不语……

这都是可以理解的情绪表现。然而，当我们的孩子处于极端情绪时，这样的情绪表现可能会让极端情绪状态处于一种死循环中，不利于问题的解决。家长自己的情绪如果也变得比较极端、难以理性思考，那么可以使用前文说的身体反应策略让自己的情绪强度降低一些，同时，可使用以下沟通技能：

◆ 停止发问和说教，倾听孩子的痛苦。不少家长总是无法理解，孩子为什么突然出现了一些极端的情绪表现，所以可能会不停地问孩子"你到底怎么了，出了什么事？"有的孩子能讲得出来，但是也有些孩子很难把自己的感受化为语言，甚至有可能他们自己也搞不清楚为什么突然有这么大的情绪，所以如果硬要问他们为什么这样，可能只会导致他们进一步崩溃。说教同理，有时候孩子不一定不懂道理，但可能真的做不到。在处于极端强烈的情绪时，道理只会让他们感觉自己的情感被忽视。如果我们平时习惯了不停询问或者说教，可以试着停止说话，让孩子有空间去表达自己的痛苦。相反，如果我们经常在孩子出现极端情绪时保持沉默，那么可以试着表达出自己倾听的意愿。例如："你应该很痛苦吧，愿意和我说说吗？"

◆ 停止"孩子气"，给予接纳和包容。前面提到，当孩子处于极端情绪时，理智是无法工作的。尽管我们可能会因为孩子说的一些话而感到受伤，但是最好的做法是不和孩子一样意气用事，而是通过接纳和包容带动现状的改变。有句话说："孩子对父母的爱才是无条件的。"无论孩子的现状如何惹人生气，他们内心的底色都是深爱着父母的。知道了这一点，接纳孩子的极端情绪和言行会不会稍微容易一些？如果孩子正在愤怒，我们不需要用愤怒反击（用更剧烈的方式发怒或者是冷战）；如果孩子正在深深的抑郁中哭泣，我们不要告诉孩子我们自己多么难受，更不要把我们的眼泪和辛酸在那个时刻返还给孩子——这只会让他们更加内疚，从而加重痛苦体验。我们可以告诉孩子，在听过他们的痛苦之后，我们理解了他们的一部分痛苦，而剩下的一部分可能真的很难理解。真诚地承认自己不能够做到的部分，可能会让孩子的情绪有所缓和。如果你感觉自己无法应对这样的情境，可以告诉孩子：面对这样的你，我也不知道该怎么说、怎么做才合适，所以我们都找个房间各自平复一下，待会儿再沟通。

◆ 通过"止静察动"，改变反应习惯。如果在孩子处于极端情绪时，家长很想按照以前无效的沟通方式行动，该怎么办呢？这里有四个步骤帮助你停止不假思索的反应。"止"指的是先停止反应，不要让自己跟着惯性走，身上的每块肌肉都不要做任何的动作。"静"指的是让心情稍微平静一些——如果我们想让孩子静下来，可能需要先让自己冷静，这个步骤可以通过深呼吸 2～3 次来完成。"察"指的是观察此时此刻的情况，你的孩子现在是什么表情，正在说什么、做什么？而你自己又是什么表情，想要说什么、做什么？这些想法或者这样说会达到让孩子平静下来的目的吗？"动"是指基于前面的观察决定新的行动。当看到此时此刻的情况时，接下来可以怎样说或者怎样做呢？这里没有标准答案，需要父母不断尝试，找到适合自己的方法。

● **当情绪强烈但没有非常极端时：学习分析情绪与情境**

每个人都会有情绪，无论是正性的还是负性的情绪都有积极意义。情绪管理的目的不是消除某种情绪，而是让情绪符合情境，让个体在某种情绪下能有效地行动。如果情绪并不是非常极端，没有产生紧急情况，我们可以借助一些理性的思考，重新审视当下的情绪。对于家长来说，可以协助孩子去思考他们的情绪是否合理，同时也可以反思自己的情绪对于管理孩子的情绪是否有帮助。因为通常事件发生时当事者的情绪比较强烈，因此建议平时就去做情绪合理性考察练习，回顾过去发生的情况，或者预想今后的情况，从中找到可以改变的方向。以下是具体的步骤：

◆ 明确想要改变的情绪。先给自己的情绪命名，如忧郁、愤怒、不安……找出想要改变的情绪，并问问自己，什么事情会激发我这样的情绪？

◆ 考察一下那时候情绪和事实是否相符。可以描述你的五官收集到的事实，即你看到了什么、听到了什么等等，尽可能详细地描述一个场景，还原当时的对话，以便清晰地找到现实。例如，一个学习很好的学生，说自己考试考砸了，感觉自己学习很差劲，情绪非常忧郁。事实上他/她考了年级前五名，而他/她平时的成绩是年级一二名。这时候，忧郁的情绪可能是与事实不符合的。

◆ 找到自己对事件的解释、想法和假设。比如，在考试考砸的例子里，想法可能是："我好差劲，我没办法完成我爸妈和我自己的期待，而这次考不好，下次也大概率是考不好的，如果考不好就没办法升学，我的未来就没有希望了。"其实这之中有很多自我批评、非黑即白的想法。尝试着挑战它，通过现实的证据来看看实际是不是真的这么糟糕。同时，看看自己是不是感觉到了威胁？威胁指的是有压力的情况吗？这个威胁的名字是什么？

◆ 找到其他可能的解释。例如，这次考不好是因为我漏写了一道大题、前几天没休息好影响了发挥、其他人比我考得好也只有这一次……先不管可能性有多大，用头脑风暴的方式找到其他的可能，打开思路。

◆ 评估威胁真正发生的可能性。在尝试其他的解释后，问问自己，这个威胁真的有可能发生吗？有多大的可能？它的最坏后果是什么？尽自己所能考虑所有可能的后果。威胁真正发生时会是怎样的情况？这一步是通过分析、制定预案来尝试解决威胁。如果这个威胁不能解决，尝试完全接受最坏的情况。

◆ 重新检查自己的情绪，看看它的强度是否符合真正的事实。

◆ 辅助正念呼吸练习，这也可以帮助青少年走出情绪风暴，可以扫描下方二维码跟着指导语一起练习。

● **积累积极情绪，找到自我价值**

当一个人长时间处在负性情绪中，积极的情绪可能会被忽视，因此，我们需要额外花费精力重新发现积极的情绪。对于家长来说，我们可以为孩子创造能够体验积极情绪的条件。例如，带孩子参加一些他们感兴趣的活动，出去旅行、参加公益活动等。也可以通过以下步骤帮助孩子建立自己的价值清单：

◆ 头脑风暴，列出所有可能让孩子感到愉快或是平静的活动。这种活动可能是兴趣爱好、户外活动；可能是助人的公益活动，如做义工、志愿者等；也可能是日常的活动，例如打扫卫生、做饭、洗热水澡等。我们建立价值的过程未必要非常"高大上"，只要能让我们有好的感觉出现，都是能够建立价值的活动。以下是可供参考的一些能给人带来愉悦感受的活动：

- 在大自然中消磨时光
- 画画
- 散步/跑步/游泳/打球/滑冰/骑车等各种运动
- 跳舞
- 和朋友聚餐
- 制作美食
- 看电影/看书/听音乐/看话剧/看展览/去动物园
- 整理/打扫
- 野餐
- 幻想
- 做志愿者
- 做手工
- 养宠物
- 洗澡
- 种花花草草

◆ 列出让孩子感到愉快或平静的活动每次可能花费的时间。一天只有24个小时，就算我们有很多让自己感觉有价值的活动可以去参与，也需要考虑每项活动可能花费的时间。如果超过了这个时间，这项活动有可能就会消耗我们的精力，变成负担。列出时间还有一个好处就是，当我们需要的时候，可以根据当天的时间安排选择合适的活动去做。

◆ 检查清单上活动的构成。为了让这个清单在任何时候都可以使用，我们需要在清单上列出至少三类活动：能够独自完成不需要他人参与的活动，不需要借助很多额外设备或材料的活动，能和别人一起完成的活动。

◆ 将清单放在触手可及的地方，让孩子每天做一项上面的活动。在做的过程中专注、投入，觉察整个过程，收集愉悦或者平静的感受，体验此时此刻的自我。

● **让叛逆得到升华，允许用合适的方式"反叛"**

叛逆，对于儿童青少年来说是一件好事，因为只有通过叛逆，他们才能自发地探索世界，而这对于他们今后获得对自我的肯定及成就感、减少负面情绪的易感性来说是非常重要的。我们同样可以列清单，与孩子进行讨论，找到双方都能接受的叛逆方法，以下是具体步骤：

◆ 头脑风暴，列出所有的叛逆方式。在这一步先不考虑可行性和安全性，只是打开思路，看看什么样的活动是一种叛逆。

◆ 划掉不合适的叛逆方式。不合适指的是会对生命安全和健康造成严重影响。例如自杀、吸毒、赌博、高危的性行为等。家长需要与孩子讨论哪些是不合适的叛逆方式，在孩子缺乏相应知识时提供知识普及，以确保孩子能够理解。对于一些有争议的叛逆方式，例如烫发、染发、文身等，可以具体讨论此种叛逆方式在什么时候可以做、可能带来什么样的影响。如果有比较大的影响，如何将影响降到最低。例如，可以在周末戴彩色的假发出门。在这里告诉孩子，他们需要为自己的行为承担一定的责任，因此叛逆不仅需要选择合适的方式，还要选择合适的时间和地点。以下是可供参考的一些叛逆方式：

■ 给出一个诚实的回答，哪怕这个诚实的回答不中听

■ 在节假日穿非主流的着装出门

■ 质疑自己不同意的观点

■ 放弃那些符合主流期待但是没有成效的事情

■ 对亲人的请求说"不"

■ 独自一人时尖叫或者大喊

■ 周末的时候晚睡晚起

- 在家听歌外放，不用耳机
- 不把东西放在该放的地方
- 做一些不符合自己性格的事情
- 买不实用但是喜欢的东西
- 养个宠物
- 做自己，就算别人不喜欢也无所谓
- 穿一件印着自己喜欢的口号的T恤

● 当儿童青少年出现比较极端的情绪时，我们可以怎么说、怎么做？

● 如何帮助儿童青少年建立自己的价值感？

小黑板敲重点

在进行情绪管理时，尽管本章提供了许多技能，但孩子未必会接受这样的方式，也未必接受家长的改变，这都是正常的。需要时可以向专业人士寻求帮助，但这不意味着必须让孩子见专业人员，家长也可以向专业人员咨询，通过改变自己来影响孩子。对于儿童青少年来说，以下三点永远是最重要的：

◆ 真诚、不虚伪的态度

◆ 言行一致（有的家长表面说都可以，但是心里是反对的，这个部分会被孩子敏锐地察觉到）

◆ 能够认真倾听孩子的任何表达，无论是正向的还是负向的，只是聆听，而不强硬地改变他们

第五章

情绪危机的识别

所谓情绪危机，是指个体在面对某些压力、挑战或困境时，情绪出现严重波动，而无法有效应对导致的情绪失控，严重者甚至出现自伤、成瘾、自杀等伤害性行为。导致情绪危机的原因很多，躯体疾病、养育环境和方式、性格特征、生活事件、人际关系等生物、心理、社会因素都有影响。引起情绪危机的压力、挑战或者困境可以是突然出现的，比如亲近的人突然离世、意外事故等；也有可能是逐渐累积的，比如长期遭受欺凌、慢性疾病等。在情绪危机发生时，个体可能会出现强烈的情绪体验，如焦虑、抑郁、愤怒、恐惧、无助、孤独等，并陷入其中，失去理智和冷静思考的能力，从而无法应对自己面临的问题，并可能在强烈情绪的控制下做出冲动失控的行为。

无论是成年人还是未成年人，每个人都有可能陷入情绪危机。但是相较于成年人，儿童青少年更容易出现情绪危机。一方面，儿童青少年面临的压力并不比成年人小：身体和心理发育和发展过程中的巨大变化会带来压力，学习成绩、升学、适应各类新环境会带来压力，社交、同伴关系会带来压力，成长和独立也会带来压力，而信息社会网络和智能设备的普及，让他们在探索世界的同时也进一步增加了压力源，这些都是引发情绪波动和不稳定的因素。另一方面，儿童青少年还处于身体和心理快速发展的时期，大脑特别是负责理性控制的前额叶皮质以及前额叶与感受情绪的边缘系统之间的信息传递体系远没有成年人发展得成熟，从而进一步影响了他们的情绪管理、判断和自控能力。正因如此，在各类不良环境、压力、暴力、虐待、突发事件等危险因素面前，儿童青少年比成年人更加脆弱。这也是为什么儿童青少年陷入情绪风暴时，更容易付诸行动，出现冲动性反应和行为。

因此，除了日常的情绪养育，养育者还需要积极关注儿童青少年可能出现的"情绪风暴"，帮助他们及时识别危机情绪，并采用健康有效的方法来应对危机。

第一节

抑郁：黑狗来袭

英国前首相丘吉尔曾有一句名言："心中的抑郁就像只黑狗，一有机会就咬住我不放。"从此，黑狗（Black Dog）便成了抑郁症的代名词。涵涵就被这只黑狗咬住了。

涵涵今年14岁，去年秋天刚刚升入初一，在妈妈的眼里，她乖巧懂事，学习上挺自觉的，成绩在班级是中上游，平时喜欢约好朋友一起逛逛街，吃吃零食。涵涵特别喜欢动漫周边，逛商场的时候总会在动漫店橱窗前驻足，看见喜欢的会想方设法让妈妈买给她。她房间的玻璃柜里摆满了心爱的动漫娃娃，每天学累了的时候，她就会看一看、摸一摸这些娃娃。

然而，就在最近一段时间，涵涵总是提不起劲，很难集中注意力学习，提笔写字不到10分钟就觉得很累，脑子反应还特别慢。她感觉自己变笨了，老师上的课很难听懂，原来半小时就能搞定的作业现在却困难重重。她常常一个人坐着，神情恍惚，有时会偷偷抹眼泪。她觉得自己糟糕透顶，是个"废柴"，没有资格交朋友，好几次拒绝了小伙伴周末逛街买动漫周边的邀请，还把自己平时视若珍宝的动漫娃娃都包了起来，让妈妈放到网上去卖掉换钱，说"不会再浪费你们的钱了"。因为完不成作业，涵涵在学校挨了不少批评，成绩也退步了，她的心情更差了，吃不下饭，晚上也常常失眠。涵涵开始讨厌去学校，还经常跟家人发脾气，她感觉自己好像陷入了一个黑洞，所有的精力与快乐被黑洞无情地吞噬了。她觉得自己什么都做不好，有时甚至会想："这样的人生毫无意义。"

都说"少年不知愁滋味"，看到涵涵的情况，可能很多家长会觉得不可理喻："现在小孩子家家的，吃穿不愁，有什么好愁的？"也有家长认为所谓的抑郁就是孩子不够自信成熟，太脆弱、太敏感、太矫情，只是他们逃避责任的借口。因此，现实生活中儿童青少年抑郁症很容易被忽略。

实际上，儿童和青少年也会受抑郁症的困扰，并且很普遍，可以说抑郁症是这一群体中最常见的心理疾病之一。它的发生与一个人的品格无关，也并不是靠自身的主观意愿就可以控制的。它就跟感冒、腹泻和胃炎一样，只是一种需要治疗的疾病。因此，不管是坚强的人还是脆弱的人，都有可能患上抑郁症。抑郁的到来会放大儿童青少年在生活中的挫败感和无助感，就像戴上了一副墨镜，感觉整个世界都是灰色或黑色的。严重的时候，甚至会导致自伤或自杀。因此，抑郁症是一种需要专业治疗的，而越早识别和治疗，干预效果就越好。

● **家长如何才能尽早识别抑郁情绪**

儿童青少年有时候很难说清他们的感受，特别是当他们处于抑郁状态时。不过，家长们还是有迹可循的，下面就是我们需要关注的征兆，特别是当你的孩子跟平时表现很不一样，而好些征兆是在最近两星期里面同时出现时，我们就需要警惕抑郁症这只"黑狗"了。

◆ 活力或精力不足，总是不想动

◆ 对原来喜欢的东西/活动失去兴趣

◆ 难以倾听或集中注意力完成任务

◆ 对自己发表负面的评论，自我贬低

◆ 不想花时间和朋友在一起

◆ 总是看到生活中消极的一面，而不是积极的一面

◆ 很难高兴起来

◆ 易怒、烦躁、容易生气或不安

◆ 看起来很伤心，很容易哭，很难安抚

◆ 要么对食物不感兴趣，要么暴饮暴食

◆ 睡眠出现问题，比如入睡困难、早醒、无法维持睡眠或睡得太多

儿童、青少年和成人的抑郁症状有一定的差别：学龄期前的儿童更加容易出现一些身体不舒服的表现，如肚子痛，常常伴有紧张不安的情绪、哭闹，比如处于抑郁状态的幼儿容易经常哭泣，对刺激反应缓慢，行动迟缓，睡眠差，食欲下降；

学龄期的孩子能够用语言描述自己的心情，如"长大后什么也干不了"；而在青少年中，更加容易出现不满情绪及攻击、退缩行为，在亲子关系与学业上出现问题、认为自己不被理解等。典型的抑郁症状表现为：

- ◆ 情感症状：孩子会心情低落，没有愉快感，悲伤，哭泣，容易哭闹，爱发脾气，对玩耍不感兴趣，自责、自暴自弃，严重时会出现自残行为、自杀意念和行为。

- ◆ 行为症状：抑郁状态的孩子容易出现一些外化性的行为，如注意力不集中，成绩下降，不听话，不遵守纪律，与同伴关系不良；或者表现出孤独、退缩、不愿社交等内化性行为。

- ◆ 躯体症状：年龄越小，躯体症状越多，常见的有睡眠问题、胃口减退或增加、头痛、头昏、胃痛、易疲劳、气促或遗尿。

因为儿童青少年抑郁症的症状通常以消极行为为特征，如易怒或发牢骚，所以很容易让家长感到恼火，并因孩子的行为而责怪或惩罚他们。家长容易忽略这些行为背后的真正原因，往往认为是孩子不听话、不讲道理、不想上学；有时候一些躯体表现以及自伤和自杀行为导致的躯体伤害容易被误诊为身体疾病或意外伤害。为了避免延误治疗带来的伤害，家长可以使用一些简易的抑郁筛查量表进行早期识别，尽早寻求专业帮助，如《儿童抑郁评定量表》（Children's Depression Inventory，CDI）。

此量表是科维奇机构（Kovacs），根据成人的贝克抑郁问卷（Beck's Depression Inventory，BDI）改编的用于测量儿童和青少年抑郁情绪的量表，是西方最早出现的儿童抑郁问卷。

该量表适用于儿童和青少年（7～17岁）抑郁心理症状的自评，主要评定依据是近一周内孩子的自我感觉。

低龄儿童（如6～8岁）阅读和理解能力可能不够，可在家长的协助下完成。此时家长要注意，表中询问的都是孩子的感觉和想法，而非你自身的感觉和想法。有一定阅读和理解能力的大龄儿童可自主独立完成此表。

指导语：下面的问题是问你（孩子）在过去一周的感觉和想法。它只是调查，不是考试，答案没有正确或错误之分。每个人的感觉可能都是不一样的，请根据你（孩子）的感觉和想法在最符合描述的选项前的"□"内打"√"。

表5-1　儿童抑郁评定量表（CDI）

编号	选　　　项		
1	□A 我偶尔感到不高兴	□B 我经常感到不高兴	□C 我总是感到不高兴
2*	□A 我不能解决任何问题	□B 我能解决遇到的部分问题	□C 我能解决遇到的任何问题

续　表

编号	选　项		
3	□A我做任何事情都不会出错	□B我做事情偶尔出错	□C我做事情经常出错
4	□A我做许多事情都有乐趣	□B我做事情偶尔有乐趣	□C我做任何事情都没有乐趣
5*	□A我的表现一直都像个坏孩子	□B我的表现经常像个坏孩子	□C我的表现偶尔像个坏孩子
6	□A我偶尔担心不好的事情发生	□B我经常担心不好的事情发生	□C我总是担心不好的事情发生
7*	□A我恨我自己	□B我不喜欢我自己	□C我喜欢我自己
8*	□A所有不好的事情都是我的错	□B许多不好的事情都是我的错	□C仅有少数不好的事情是我的错
9	□A我没有自杀想法	□B我想过自杀但我不会去做	□C我可能会自杀
10*	□A我每天都感觉想哭	□B我经常感觉想哭	□C我偶尔感觉想哭
11*	□A总是有事情干扰我	□B经常有事情干扰我	□C偶尔有事情干扰我
12	□A我喜欢和别人在一起	□B我经常不喜欢和别人在一起	□C我总是不喜欢和别人在一起
13*	□A我遇到事情总是拿不定主意	□B我遇到事情经常拿不定主意	□C我遇到事情很从容拿定主意

编号	选　　项		
14	□A我长得很好看	□B我在长相上有些不如意	□C我长得很丑
15*	□A我总是强迫自己去做作业	□B我经常强迫自己去做作业	□C我很容易完成作业
16*	□A我每天晚上很难睡着觉	□B我经常晚上睡不着觉	□C我睡觉很好
17	□A我偶尔感到疲倦	□B我经常感到疲倦	□C我总是感到疲倦
18*	□A我总是感到不想吃东西	□B我经常感到不想吃东西	□C我胃口很好
19	□A我不担心身体会疼痛	□B我经常担心身体会疼痛	□C我总是担心身体会疼痛
20	□A我感到不孤独	□B我经常感到孤独	□C我总是感到孤独
21*	□A我总是感到上学没有趣	□B我偶尔感到上学有趣	□C我经常感到上学有趣
22	□A我有许多朋友	□B我有一些朋友，但是我希望有更多朋友	□C我没有任何朋友
23	□A我在学校的学习还不错	□B我的学习比以前稍差	□C我以前很好的功课现在很差

续 表

编号	选 项		
24*	□ A我永远也不会像其他孩子那样棒	□ B如果我努力，我会像其他孩子一样棒	□ C我像其他孩子一样棒
25*	□ A没有人真正地爱我	□ B我不确定是否有人爱我	□ C我确定有人爱我
26	□ A别人要我做的事，我通常会做	□ B别人要我做的事，我有时做	□ C别人要我做的事，我从来不做
27	□ A我和别人相处得很好	□ B我有时和别人发生矛盾	□ C我经常和别人发生矛盾

计分方法：未标星号（*）的条目（即条目1，3，4，6，9，12，14，17，19，20，22，23，26，27），选"A""B""C"分别计0、1、2分；标星号（*）的条目（即条目2，5，7，8，10，11，13，15，16，18，21，24，25），选"A""B""C"分别计2、1、0分。量表总分为所有条目得分相加的和。

若总分≥19分，表示目前孩子可能存在抑郁情绪，建议寻求专业人员的帮助和指导。

如果你家孩子≥10岁，且具有自主阅读和一定的理解能力，也可以尝试独立完成另一份评估量表——患者健康问卷（9-item Patient Health Questionaire，PHQ-9）。该量表相对简单，只有9个条目。

指导语：在过去的两周里，你有多少时间出现以下的情况？请在符合你情况的方格里打"√"。

表5-2　患者健康问卷（PHQ-9）

最近2周内，你有多少时间受到以下任何问题的困扰？		完全不会	几天	一半以上日子	几乎每天
1	做事时觉得没意思或没有兴趣	0	1	2	3
2	感到心情低落、沮丧或绝望	0	1	2	3
3	入睡困难、睡不安稳或睡得过多	0	1	2	3
4	感觉疲倦或没有活力	0	1	2	3
5	食欲不振或吃太多	0	1	2	3
6	觉得自己很糟或觉得自己很失败，或让自己、家人失望	0	1	2	3
7	对事物专注有困难，如看报纸或看电视时	0	1	2	3
8	行动或说话速度缓慢到别人已经察觉，或刚好相反——变得比平日更烦躁或坐立不安，动来动去	0	1	2	3
9	有不如死掉或用某种方式伤害自己的念头	0	1	2	3

　　计分方法：每个条目选"完全不会""几天""一半以上的日子"和"几乎每天"分别计0、1、2、3分。所有条目分数相加之和即为量表总分，总分范围为0～27分。

0～4表示目前没有抑郁症状（注意自我保健）

5～9表示目前可能有轻微抑郁症状（关注自己的情绪，尝试自我调整，建议咨询精神科医生或心理医学工作者，过段时间再自我监测）

10～14表示目前可能有中度抑郁症状（最好咨询精神科医生或心理医学工作者，制定治疗计划，考虑心理咨询和药物治疗，随访观察）

15～19表示目前可能有中重度抑郁症状（建议去医院咨询精神科医生或心理治疗师，积极进行药物治疗和或心理治疗）

20～27表示目前可能有重度抑郁症状（一定要看精神科医生，首选药物治疗，可结合心理治疗和其他综合治疗措施）

● **如何帮助处于抑郁状态的孩子**

如果不加治疗，抑郁症会给孩子的身心健康带来非常具有破坏性的影响，所以不要寄希望于抑郁症状过段时间自动消失。处于抑郁情绪的孩子非常敏感，如果您怀疑孩子有抑郁症状，在自己为孩子做简易的筛查评估以及积极寻求专业帮助的过程中，一定要注意沟通方式，要用关爱而非评判的态度对待孩子，让孩子知道你注意到了他的痛苦，你希望能够提供帮助，并愿意提供他需要的任何支持。

与处于抑郁状态的儿童青少年的沟通技巧：

◆ 专注于倾听，而非说教。一旦孩子开始说话，你就要克制任何批评或做出判断的冲动。重要的是你的孩子在表达。只要让你的孩子知道你就在那里完全无条件地支持他，就够了。

◆ 要温柔、温和且坚持不懈。如果孩子一开始把你拒之门外，不要放弃。谈论抑郁症对青少年来说可能非常困难，即使他们愿意，也可能很难表达自己的感受。要考虑到孩子的舒适度，同时强调你对他的关心和倾听的意愿。

◆ 承认和接纳孩子的感受。不要试图说服你的孩子摆脱抑郁，即使他们的感受或担忧在你看来是愚蠢或不理性的。善意地试图解释为什么"事情没有那么糟糕"，只会让他觉得你没有认真对待他的情绪。简单地承认他正在经历的痛苦和悲伤可以在很大程度上让他感到被理解和支持。让他知道他现在遭遇的困难，不是因为缺乏意志力，很可能是因为生病造成的。他也不需要为得病而羞耻，因为生病并不是他的错。抑郁就像感冒一样，当你开始正视它，采用科学的治疗方式，就有可能战胜它。

◆ 相信你的直觉。如果你的孩子声称没有什么问题，但对导致抑郁行为的原因没有解释，你应该相信自己的直觉。如果你的孩子不愿意向你敞开心扉，可以考虑求助于值得信赖的第三方：学校班主任或心理老师、他最喜欢的老师或心理健康专业人员。重要的是让孩子和其他人聊一聊，让孩子相信爸爸妈妈是这个世界上最愿意支持他的人，会协助他度过难熬的抑郁时光。

场景互动

情形	建议说的话	不建议说的话
经常发脾气	看到你这样子，我很担心你。	你怎么老是发脾气？
经常哭	你看起来很伤心，能跟我聊聊吗？	就知道哭，哭有什么用？
萎靡不振	你看上去很累了。	振作起来，你看人家小明……
妈妈，我可能得了抑郁症	难怪你最近状态这么不好，让你受苦了。我陪你一起去医院吧。	哪有什么抑郁症，不就是不想学习！
被诊断为抑郁症	终于知道让你这么痛苦的原因了，有病就治，妈妈陪你一起。	我们家就你得了这个病！

● 儿童青少年出现哪些表现，可能意味着有抑郁情绪？

● 如何帮助处于抑郁状态的儿童青少年？

小黑板敲重点

　　如果孩子得了抑郁症，建议家长除了尽快寻求专业帮助外，还应该做到以下几点：

◆ 寻找任何和他谈话的机会

◆ 看见和接纳孩子的情绪和痛苦

◆ 耐心陪伴、倾听、帮助和支持

　　面对抑郁症这只"黑狗"，只要我们不放弃，有朝一日它就会被驯服。抑郁症只是一种疾病，它需要被我们看见，也需要被重视，我们唯独不应该做的是恐惧和误解。

第二节

广泛性焦虑障碍：热锅上的蚂蚁

焦虑是儿童期最常见的情绪，有人形容焦虑情绪就像一口烧热了的大锅，人就是锅里的蚂蚁。莉莉最近就成了这样一只急得团团转的"小蚂蚁"。

莉莉今年11岁，读五年级，在班里担任中队长和语文课代表。她一向是爸爸妈妈、老师眼里的"好孩子"，听话，乖巧，努力，学习成绩也名列前茅。在学习和生活方面，妈妈对她照顾得比较多，要求严格，从小批评多、鼓励少。莉莉平时喜欢阅读和写作，她的作文经常被老师作为范文在全班朗读，她最大的梦想是成为小说家。

最近妈妈发现莉莉的行为有些反常，经常愁眉苦脸，茶饭不思。开学后的一次数学测验，莉莉因为失误被多扣了3分（实际的成绩还是名列前茅），之后她就一直担心考试会不及格，非常害怕被老师和妈妈批评，也会担心未来考不上好学校。另外，莉莉也很烦恼自己与同学的交往，经历了很久的线上课堂，大家很久没有见面了，莉莉害怕与同学相处时会说错话，担心自己在朋友面前显得愚蠢，担心会失去友谊。不仅如此，莉莉经常会有头晕、心慌、口干的症状，因为整天都在担心，精神非常紧张，到了晚上会辗转反侧，难以入睡，有时在学校里会出现肚子痛、肌肉紧张、四肢发凉等症状。渐渐地，莉莉发现自己很难认真听课了，经常会觉得脑子闷闷的，记忆力也下降了，脾气变得阴晴不定，有时会烦躁难耐，发无名火，冲妈妈嚷嚷，有时又会向妈妈哭诉称"我很难受，我也不想这样的"。妈妈明显感到她像一只热锅上的小蚂蚁，十分焦躁不安，也十分苦恼和矛盾，很想去安慰她，但不知如何开口。

看到莉莉的情况，可能很多家长又会觉得不可思议了，"孩子挺优秀，有什么好焦虑的？"也有家长会认为现在社会压力这么大，小孩子有压力也是正常的，没有什么大不了的，"熬一熬"就好了。

的确，焦虑是个体对于压力的正常反应。伴随恐惧和担忧而来的痛苦、紧张或不安也是孩子正常发展的一部分。儿童焦虑的情绪有时可能是轻微而短暂的，不会对其社会发展造成严重的影响。研究表明，5%～8%的儿童和青少年可能在特定的时间有过持续性的焦虑，15%～20%的儿童和青少年可能在某一时期经历过某种形式的焦虑障碍，但并非所有的焦虑症状都需要干预。不过，当焦虑情绪对孩子的日常活动造成了不必要的限制，或持续的时间较长，就会引起一系列异常的症状，若不及时引导和干预，那么在以后遇到相似的情境时，孩子就很容易产生焦虑情绪，甚至患上焦虑症。

实际上，焦虑症是儿童和青少年中最常见的心理疾病。有证据表明，大多数有焦虑症的儿童直到青春期及成年阶段，都难以自行摆脱焦虑障碍的困扰。因此，焦虑障碍是一种对孩子成长影响巨大的心理疾患，需要专业评估和治疗。

家长如何才能尽早识别焦虑症状？

大多数受焦虑困扰的孩子都会出现情绪、行为及躯体方面的症状，不同于成人焦虑障碍，很多儿童和青少年往往意识不到自己的焦虑症状，所以家长需要学会去识别他们的症状。如果孩子在多于6个月的时间内，超过一半的时间出现下列症状，就要警惕广泛性焦虑症了。

◆ 情绪症状（焦虑体验）

- 出现"如果……怎么办？"的想法，担心的想法长时间不断涌入大脑，对将来感到恐惧

- 焦虑无法停止，不受控制

- 那些引发焦虑的想法总是突然闯入，尽管试图避免，但办不到

- 无法容忍不确定性，需要知道未来会发生什么

- 感到忧虑和恐惧，感到周围发生的不好的事都是自己的错，担心发生悲剧

- 完美主义，过度自我批评，害怕犯错误
- 坚信不幸的事情是会传染的，担心不幸会降临在自己或者家人身上
- 经常需要别人（家长）的保证和同意

◆ 行为症状（运动性不安）

- 无法放松、享受安静的时间或是一个人待着
- 难以集中注意力或聚焦某些事情，有些孩子会觉得自己记忆力下降，容易粗心
- 不断拖延，经常觉得自己快崩溃了
- 易烦躁，容易和老师、同学、家长发生冲突
- 年幼的儿童容易出现哭闹、发脾气，经常需要家长安抚，家长会觉得他们是"难以抚养的孩子"

◆ 躯体症状

- 感到紧张，肌肉紧绷或身体疼痛
- 出现睡眠障碍，由于不停在想事情而难以入睡，易惊醒，易疲倦
- 食欲下降，胃部不适，恶心，便秘，腹泻，眩晕等

当孩子出现焦虑时，身体不舒服的主诉比较多，家长常常会因为这些症状带孩子去看儿科。其实，家长可以采用一些简易的焦虑筛查量表进行早期识别，从而尽早寻求专业帮助。

以下是简易的焦虑筛查量表。

本筛查适用于8～16岁儿童青少年自评焦虑情绪，共有

41个条目，主要评估条目中的不同情况在最近3个月内出现的频率（是"没有此问题"，"有时有"，还是"经常有"）。

指导语：请根据最近3个月的实际感受填写（如果孩子还小，需要家长协助），不要考虑怎样回答才"正确"，仅根据感受如实回答，并在符合的那一格打"√"。请注意不要漏项。

表5-3　儿童焦虑性情绪障碍筛查表（SCARED）

序号	条　目	没有此问题	有时有	经常有
1	当我感到害怕时，出现呼吸困难（出气不赢）。	0	1	2
2	我在学校时感到头痛。	0	1	2
3	我不喜欢与不太熟悉的人在一起。	0	1	2
4	如果我不在家里睡觉，就觉得内心不安。	0	1	2
5	我经常担心别人是不是喜欢我。	0	1	2
6	当我害怕时，会感到马上要死去。	0	1	2
7	我总是感到紧张不安。	0	1	2
8	父母无论去哪里我总是离不开他们。	0	1	2
9	别人说我好像很紧张的样子。	0	1	2
10	当我与不熟悉的人在一起时就感到紧张。	0	1	2
11	在学校时就出现肚子痛。	0	1	2

续　表

序号	条　　　目	没有此问题	有时有	经常有
12	当我害怕时，自己感觉快要发疯、失去控制了。	0	1	2
13	我总担心让自己一个人睡觉。	0	1	2
14	我担心自己不像其他孩子一样好。	0	1	2
15	当我害怕时，感到恍恍惚惚，好像周围的一切都不真实。	0	1	2
16	我梦见父母发生了不幸的事情。	0	1	2
17	我担心又要去上学。	0	1	2
18	我害怕时，心跳会加快。	0	1	2
19	我手脚发抖打战。	0	1	2
20	我梦见发生了对我不利的事情。	0	1	2
21	我对于一些精心为我而安排的事感到不安和不自在。	0	1	2
22	当我害怕时，我会出汗。	0	1	2
23	我是一个忧虑的人。	0	1	2
24	我无缘无故地感到害怕。	0	1	2
25	我害怕一个人待在家里。	0	1	2
26	我觉得和不熟悉的人说话很困难。	0	1	2

序号	条　　　　目	没有 此问题	有时有	经常有
27	我害怕时感到不能呼吸。	0	1	2
28	别人说我担心得太多了。	0	1	2
29	我不愿离开自己的家。	0	1	2
30	我担心以前那种紧张（或惊恐）的感觉 再次出现。	0	1	2
31	我总担心父母会出事。	0	1	2
32	当我与不熟悉的人在一起时，觉得害羞。	0	1	2
33	我担心将来会发生什么事情。	0	1	2
34	我害怕时感到恶心、想吐。	0	1	2
35	我担心自己不能把事情做好。	0	1	2
36	我害怕去上学。	0	1	2
37	我担心已发生了什么事。	0	1	2
38	我害怕时，感到头昏。	0	1	2
39	当我与其他伙伴或大人在一起做事情时 （如在朗读、说话、游戏、做体育活动 时），如果他们看着我，我就感到紧张。	0	1	2
40	当我去参加活动、跳舞或者有不熟悉的 人在场时，就感到紧张。	0	1	2

序号	条　　　目	没有 此问题	有时有	经常有
41	我是一个害羞的人。	0	1	2

计分方式：每个条目选"没有此问题""有时有"和"经常有"分别计0、1、2分。所有条目分数相加之即为量表总分，总分范围0～82分。总分≥23分，可能有焦虑方面的问题，需要寻求专业人员的帮助。

如果你的孩子≥10岁，且具有自主阅读和一定的理解能力，也可以独立完成以下的广泛性焦虑障碍量表（7-item Generalized Anxiety Disorder, GAD-7）。该量表相对简单，只有7个条目。

指导语：在过去的两周里，你有多少时间出现以下的情况？请在符合你情况的格子里打"√"。

表5-4　广泛性焦虑障碍量表（GAD-7）

最近2周内，你有多少时间受到以下任何问题的困扰？	完全 不会	几天	一半以 上日子	几乎 每天
1.感觉紧张、焦虑或急切	0	1	2	3
2.不能够停止或控制担忧	0	1	2	3
3.对各种各样的事情担忧过多	0	1	2	3
4.很难放松下来	0	1	2	3

最近2周内，你有多少时间受到以下任何问题的困扰？	完全不会	几天	一半以上日子	几乎每天
5. 由于不安而无法静坐	0	1	2	3
6. 变得容易烦恼或急躁	0	1	2	3
7. 感到害怕，似乎将有可怕的事情发生	0	1	2	3

计分方法：每个条目选"完全不会""几天""一半以上的日子"和"几乎每天"分别计0、1、2、3分。所有条目分数相加之和即为量表总分，总分范围0～21分。

0～4表示目前没有焦虑症状（注意自我保健）

5～9表示目前可能有轻微焦虑症状（关注自己的情绪，尝试自我调整，建议咨询精神科医生或心理医学工作者，过段时间再自我监测）

10～14表示目前可能有中度焦虑症状（最好咨询精神科医生或心理医学工作者，制定治疗计划，考虑心理咨询和药物治疗，随访观察）

15～21表示目前可能有中重度焦虑症状（建议去医院咨询精神科医生或心理治疗师，积极进行药物治疗和/或心理治疗，可结合其他综合治疗措施）

父母如何帮助处于焦虑的孩子？

父母要时刻关注孩子，发现孩子有严重的焦虑倾向时要及时向专业的心理医生求助，如果只是有轻微焦虑情绪，不必害怕，可以遵照下列建议。

◆ 创造良好的家庭环境

良好的家庭环境是孩子心理健康的基础。父母的一些焦虑情绪，如敏感、多虑等会传染给孩子，因此要想孩子远离焦虑，父母首先要甩掉自己的恐慌情绪，遇事先要控制好自己的情绪，沉着冷静，不要大惊小怪。

◆ 调整对孩子的期望

父母要平和理智地面对孩子的成绩，只要努力就行了，不要总是给孩子施加压力，要减少对孩子的埋怨和唠叨，埋怨和唠叨只会使孩子感到压抑，加重孩子的焦虑情绪。

◆ 理解孩子的内心世界，重视孩子的情绪变化

父母要知道有哪些不良因素会诱发孩子的不良情绪，如学业问题、与同学的相处等，当孩子遇到这些问题时，及时予以回应和帮助。

◆ 经常鼓励孩子，提高孩子的自信心

心理研究显示，人的天性都是渴望夸奖和赞美的。清代思想家、教育家颜元说过："数子十过，不如奖子一长。"家长可以采用适当的方式培养孩子积极健康的心态，发展孩子的特长。对于孩子来说，家长的赞美和鼓励能够扫除心中的阴霾，提升自信心。

与处于焦虑状态的儿童青少年的沟通技巧

◆ 鼓励适当宣泄情绪

当孩子出现焦虑情绪时，可以鼓励其通过合适的方式将情绪宣泄出来，如写日记、绘画、向家人倾诉等。有的时候，大哭一场也是一种很好的"心理排毒"。哭不一定是软弱的表现，情绪需要一个合理的出口宣泄出来。

◆ 耐心倾听和引导孩子

父母要根据孩子的天性、爱好、兴趣给予指导和帮助，不急不躁。要学会耐心地倾听，与孩子建立良好的信任关系，让孩子愿意向你吐露心底的忧虑。当孩子犯错或情绪不好时，尝试用"没关系""不要怕""再试一次""爸妈相信你"一类的话，鼓励孩子。这有助于孩子消除顾虑，释放压力和紧张恐慌情绪。

场景互动

情形	建议说的话	不建议说的话
担心考不好	我能理解你很担心，也很想考好，别着急，你的能力没有问题，多练练自然就学会了。	有什么好担心的，少看点手机就会考好了。
第一次住校很害怕	我能理解你第一次住校的心情，刚开始不适应是很正常的，我们可以先尝试一下，坚持一段时间会慢慢适应的。有问题随时都可以跟我说。	有什么好害怕的，当年我就是住校的，一点也没有不适应。
担心与同学相处不好	你很担心和同学的关系对不对？别着急，慢慢来，只要用你的真心就行。想一想你以前是怎么跟你的好朋友相处的，妈妈相信你会处理好的。	这点小事有什么好说的，自己处理。

- 儿童青少年出现哪些表现，可能意味着有焦虑情绪？

  _____

  _____

  _____

- 如何帮助处于焦虑状态的儿童青少年？

  _____

  _____

  _____

小黑板敲重点

　　如果孩子得了焦虑症，建议家长除了尽快寻求专业帮助外，还应该：

◆ 理解、接纳、重视孩子的情绪变化

◆ 提升孩子的自信心

◆ 耐心陪伴、倾听、帮助和支持

第三节

自伤：疼痛的诱惑

情绪
故事

七月，一个闷热的午后，大街上骄阳似火，即使室内开着空调，也热得人汗流浃背，一个打扮入时的妇人拉着一个穿着长袖长裤、戴着帽子、把自己裹得严严实实的女孩进入了诊室，她叫依依。不等依依开口，妈妈撩起她的衣袖，医生发现她的手臂上有一些新旧交替的伤口，有些已经结痂，有些依稀还有渗血。

依依告诉医生，在学校里，同学都不喜欢她，她没有朋友。最近上课总是无法集中注意力，想打瞌睡，晚上又经常睡不着，在床上翻来覆去很久。因为成绩不好，老师也不关注她，爸爸一直忙工作，也不管她，有时想向妈妈吐露心声，妈妈却总是说"你少玩点手机"。依依很烦恼，她不喜欢自己，觉得自己哪哪都不好。

如今，在校园里、家庭中以及心理门诊和精神科病房中，我们经常会发现一些身上"挂彩"的孩子，他们会反复伤害自己的身体，甚至对此感到"上瘾"。他们伤害自己的原因各不相同。男生通常因为一些行为问题、学习困难和注意力的问题而自伤，女生则多因抑郁、家庭问题和受校园欺凌而自伤。青少年期是"非自杀性自伤"行为高发的风险期，发生率高达17.2%，但是其中只有不到三分之一的青少年会就医。爸爸妈妈面对孩子的自伤行为常常会不知所措。

什么叫非自杀性自伤呢？它是指并没有结束生命的意图，却主动地、故意伤害自己身体的一种行为，并且这种伤害身体的行为常常伴有一种迫切感和渴求感。

非自杀性自伤包括所有对身体的直接损害，如割伤、烫伤、拽头发，也包括一些间接的伤害行为，如酗酒、药物滥用，它们对身体造成间接的伤害。

有些自伤行为是显性的，比如身体的割伤，像依依手臂的划伤就是这种，还有生物节律的紊乱，如白天睡觉晚上熬夜，还有网络的过度使用。有的青少年还会出现厌食和暴食的情况，导致血脂血糖出现异常，甚至出现闭经。还有酒药滥用以及一些冒险行为，如开车超速、骑车不戴头盔，这些都是我们说的显性的自伤行为。

有些自伤是隐性的，表面看上去好像不是自伤，但实际上是对自己的伤害。比如有的孩子会过度用眼，眼科医生建议少玩手机，甚至不玩手机。孩子明明知道，但还是会过度地玩手机游戏，直到眼睛疼得受不了了才停止。这也是一种自伤行为。有些青少年与父母对抗，就不学习了，好像学习不是自己的事。他们觉得只要是父母的要求，不管善意与否，也不管对自己是有利还是不利，通通都不做。这些都是我们讲的广义的自伤行为。

青少年为什么会伤害自己？

青少年生活的环境是充满挑战的，每天要面对各种各样的问题和压力，往往会感到力不从心，无可奈何，而"自己"反倒是那个最容易被控制的因素。很多孩子伤害自己不是为了"求死"，恰恰相反，是为了"求生"。通过伤害自己可以释放压力，获得对于生活的掌控感。对于青少年来说，这是他们调节情绪和解决问题的方式之一。在他们看来，问题不在于自伤，而在于他们当时的感受。当他们伤害自己的同时，愤怒、孤独和悲伤等情绪会得到舒缓。

一些孩子这样自述自伤对于他们的作用：

> 当刀划破手时，我才感觉自己活着，我不再感到麻木。

> 我可以控制这种疼痛，而别人带给我的痛苦让我无可奈何。

> 它让我感到平静。

> 肉体的痛苦取代了内心的痛苦。

因此，可将孩子"自伤"背后的原因概括为：在遭遇负性压力的生活事件，无法得到家庭、学校、社会的支持和有效引导，缺乏解决现实问题的能力，人际关系紧张困难等情况下，因欠缺自我调节情绪的能力，转而通过伤害自己的身体来表达愤怒和痛苦，借此惩罚自己，转移自己的注意力，帮助自己产生正常的感觉。

在孩子们选择伤害自己的背后，其心理上隐藏着希望被理解，希望缓解情绪痛苦、解决人际困难，或进行自我惩罚的意图。自伤行为或许让人难以启齿，但它说明了"孩子需要得到帮助与支持"。

◆ 自伤的风险

对于孩子的非自杀性自伤，家长一定要引起重视。虽然说非自杀性自伤行为不是以自杀为意图的，但是伴有非自杀性自伤行为的青少年，他们的自杀风险比没有非自杀性自伤行为的孩子高数倍。所以希望家长对于自伤行为不要说没有关系，不把它当一回事。

◆ 自伤行为背后的动机

■ 调节情绪：最常见的自我伤害动机是对不良情绪的调节，最常见的不良情绪是愤怒、抑郁、孤独和沮丧。很多青少年借助身体的痛来缓解心里的痛。比如说情绪故事中的依依会觉得身体痛一下，然后不好的情绪就会好一点。

- 自我惩罚：有的青少年的非自杀性自伤是为了自我惩罚，这类孩子往往自信心不足，平时容易自责。"我怎么这么差劲呢？我怎么这么不好啊？"通过自伤完成对自我的惩罚，好像心里也会舒坦一点。

- 获得掌控感：青少年由于力量和能力的不足，经常会感到无法控制自己的生活，这时候，他们会通过伤害自己的身体来重新获得对生活的掌控感。

- 模仿标新：很多青少年看到别人情绪不好的时候就割伤自己，觉得很好奇，自己也想模仿一下。

- 抗击解离：青少年期的自伤行为在很大程度上是为了缓解麻木和空虚的感觉。很多自伤的孩子会描述他们在自伤前会有空虚解离的感觉，在他们有解离的感觉时，心里会同时感觉到空虚及痛感的缺失。自伤的孩子在陈述为什么割伤自己时常会说，因为只有感到伤痛，看到自己流血，才感觉自己真实地活着。

- 抗击自杀：有些深受抑郁之苦的青少年，担心控制不了自己，会走上自杀的道路，就试图通过自伤的疼痛来阻止自杀。有的孩子会说"如果我不自伤，可能就真的死掉了"。

家长发现孩子自伤时如何应对？

面对有非自杀性自伤行为的孩子，父母们何去何从呢？

首先，要确保孩子的安全。发现孩子的自伤行为后，要检查伤口深度，及时处理，预防细菌感染。伤口过深时，建议到医院包扎，必要时缝针。

其次，要给予孩子真诚的关心，加强情感支持。以下是情感支持五步法。

（1）停：家长发现孩子有自伤行为时的第一反应非常重要。很多父母会表现出愤怒、震惊、害怕、内疚和羞耻感，会因此抱怨、责备、批评孩子。父母有这些情绪是正常的，但一定不要让你的情绪反应成为孩子自伤行为的推手，因为你的情绪反应时时刻刻都在为孩子做示范。请家长首先停止冲动下的情绪宣泄，停止抱怨，停止评判。

（2）看：我们要了解孩子非自杀性自伤的诱因是什么，孩子受了什么方面的挫折，是自我价值、人际关系，还是有其他原因。

（3）听：我们要听孩子说自伤的动机，他自伤的行为是要缓解什么。

（4）想：我们听懂了孩子的想法之后，就要想，我的孩子缺什么，以及作为父母，我们可以提供的帮助是什么。

（5）做：找到能帮助孩子缓解情绪的方法，坚持去做。注意，不要冲动地想到什么就立刻做，而是要确定自己是不是可以持续地做。

最后，要寻求专业的心理帮助。青少年自伤将会是父母重新反思养育方式与调整养育策略的关键契机。父母要时刻关注孩子的情绪、心理、行为变化，如果发生了自伤行为，不要任其发展，可尽快带孩子前往医院的心理专科或精神专科就诊，医生会在进行专业评估后，选择心理治疗、药物治疗等合适的治疗方案。

场景互动

情形	建议说的话	不建议说的话
孩子放学后躲在房间里哭泣。	我知道你很难受，能不能告诉我，发生了什么事？遇到了什么烦恼？看看我能不能帮助你。	这么大的人了，有什么好哭的。
发现孩子的床底下藏着很多带血的纸巾。	我今天整理房间的时候无意中发现了你床底下有很多纸巾。你哪里受伤了吗？能让妈妈看一下吗？那么多纸巾，妈妈很担心。	（把纸巾甩到孩子面前）讲讲清楚，这些纸巾是怎么回事？你是不是又在外面惹事了？是不是一天不让我担惊受怕你就不安心！

情形	建议说的话	不建议说的话
孩子手臂上有一些小刀划过的伤痕。	看到你手上有伤痕，我很心疼也很担心你的安全，你一定是遇到了很难受、很困难的事，能告诉我发生了什么吗？让我帮你处理一下伤口好吗？	（大呼小叫）你这么做对得起我吗？你为什么要这样子做？你是不是有病？你这孩子怎么这么不懂事，为什么要用刀划手？有啥不开心？想要什么就说啊！

思考题

● 儿童青少年出现自伤行为，可能的原因是什么？

- -

- -

- -

● 如何帮助有自伤行为的儿童青少年？

- -

- -

- -

小黑板敲重点

如果发现孩子出现自伤行为，家长除应尽快寻求专业帮助，还应该做到以下几点：

◆ 尽量保持开放和支持

◆ 认可孩子的情绪

◆ 确保孩子的安全

◆ 及时寻求专业的帮助

第四节

自杀：绝望的呼喊

思思是一名高二的女生，没有精神病史和家族病史，在成长过程中也没有遇到什么特别明显的困难。父母都是企业员工，家庭经济状况在所在城市属于中等偏上。思思与母亲的关系比较亲密，而父亲忙于工作，虽然能努力尽到照料养育的责任，但与孩子缺乏交流。思思很懂礼貌，与祖辈，尤其是外祖母的关系较好。初中时她就读于一所市级重点学校，但中考失利没能考上期望的重点高中。或许是因为高中阶段学科难度提升，她的成绩始终处于中游水平，即使参加了校外辅导班，也没有明显的提高。校内外的课业压力让思思在高二这一年不得不很晚睡觉。父母对她现在的学习状态并不是很满意，总是认为她不够努力。每次她考试成绩不理想或作业做得不够快的时候，母亲就会愤怒地指责她，有时甚至会撕碎考卷和作业。

与其他同龄人一样，思思也有喜欢的明星偶像，有时会在手机上观看明星相关的内容，还会玩一些流行的电子游戏来放松。但父母对她的这种休闲娱乐方式不太满意，为此他们发生过好几次争吵，但往往都以思思大哭一场然后妥协结束。虽然思思会因为这些事情觉得情绪低落，但她认为这种情况在同学中也并不罕见，也并未因此而发展出厌学或其他明显的行为问题。

某一天思思在用手机看视频时，与父母发生了严重争执，母亲一把夺过手机并抛出了窗外。思思在与母亲互相推搡后冲回房间，从窗口一跃而下。好在楼层不高，下落过程中又有一些缓冲物，最后思思只有轻微脑震荡和几处挫伤，并未发生更严重的不幸。

《钢铁是怎样炼成的》的作者奥斯特洛夫斯基曾说，看明白生活的全部意义的人，才不会随便死去，哪怕仅有一点机会，都不能放弃生活。自杀，始终是一个过于沉重的话题，对青少年来说更是如此。因为孩子往往处在几代人多个家庭的核心位置，同时又在校园这样由多重人际关系所构建的社会环境当中。年轻生命的逝去，会成为很多相关人士心头挥之不去的阴霾。这也导致绝大多数人都更倾向于回避讨论这个问题，甚至连对"自杀"这一行为的思考都被认为是令人恐惧，或是会带来不良后果的事情。即便当一个青少年已经陷入绝望情绪的深渊且有大量明显迹象指向危险时，很多父母也依然会坚决地否认自己孩子自杀的可能性。

虽然总体上来说，我国的自杀率（4～7/100 000）相较全球（10/100 000）处于较低水平，但自杀问题，尤其是青少年自杀，仍旧是一个正在不断蔓延的严峻的现实问题。对城市青少年（10～24岁）来说，自杀已经是仅次于交通事故的死因。在农村青少年中，自杀是位于交通事故、溺水之后的第三大死因。因为很多原因，一些儿童青少年的自杀行为可能会被统计为意外或疾病。因此，青少年自杀的数字其实有可能被低估。另外，每一个自杀个体的背后，都可能有十几起自杀未遂事件，即采取了自杀行为，但因为各种原因没有自杀成功。总的来说，在世界范围内，青少年因自杀和自杀未遂受伤和死亡的人数都在上升，特别是新冠疫情发生之后，青少年自杀的形势更为严峻。认真考虑自杀和首次出现试图结束生命行为的年龄在下移，10～14岁儿童自杀的比例在逐步增大。哪怕是未遂的自杀尝试，对家庭和身边的人来说都是巨大的精神负担。

尽管我们都想要避免悲剧发生，但自杀的成因非常复杂，很多因素相互影响。目前认为其中最具可能性的几个原因包括：

- 儿童青少年患精神疾病人数的增长
- 孤独感、无意义感、缺乏兴趣等负面情绪和感受
- 不良的家庭关系
- 社会环境的变化
- 青少年时期容易冲动并付诸行动

面对如此多样的挑战，自杀预防需要社会、学校、卫生系统、家庭、个人多方的共同努力。

现在也有很多关于自杀的理论，比较一致的观点是自杀和心理痛苦程度、压力程度、冲动、绝望感、自我厌恶的主观感受等因素联系紧密。心理痛苦程度是指每个具有自杀倾向的人都是面临着难以承受的痛苦感受；压力程度是指个体遭遇的各种事件，包括现实的学业压力、生活压力、人际关系压力等所造成的影响；冲动包括无法理性地做出判断和选择，不考虑后果地去做出一些想要改变的行为；绝望感是认知行为治疗中关于抑郁障碍的一个重要观念，包括对自己、他人和未来都感到绝望，它指的是无论做什么，都预期自己的消极处境不会发生改变；自我厌恶是指在很多的自杀者中存在极端负面的自我评价，例如没用、无能、邪恶、坏等。自杀人群往往具有强烈的想要摆脱这种自我感知的愿望。当其中几个指标都达到相对较高的水平时，一个人自杀的风险就会急剧增加。

前文提到的思思的案例似乎是一个普通家庭中也会发生的状况。父母认为自己为了孩子辛勤付出，但孩子与他们的期待之间的落差，导致他们对孩子变得冷漠、拒绝，甚至具有攻击性。平时发生冲突以后，父母也会认识到自己的态度可能有问题，不过他们会对自己说，有很多人也是这样教育子女的。他们本身需要应对日常的工作生活压力，也处于比较疲惫的状态，并没有太多时间去思考和学习如何采取更好的沟通方式。

父母可能觉得孩子理应能理解他们的良苦用心，按照往常的经验，孩子似乎也能及时自我调整情绪状态。但为什么就这次，孩子做出了可能危及生命的冲动选择？殊不知，之前每次被家长视为正常的亲子之间的矛盾和冲突，都以压制孩子的感受和孩子的妥协作为结束。孩子在心理上积累了巨大的情绪压力得不到释放。如果再有外部的压力，或者找不到可以依靠的支持系统，危机就会在意想不到的时刻突然降临。因此，在思思的故事中，手机事件只是导火索或者情绪扳机事件（指触及内心深处的某些敏感点后，能够立即引起超强情绪行为反应的事件），但压死骆驼的从来都不是最后的那根稻草。

家长如何才能尽早识别自杀的信号？

自杀是一种极其个人化的行为，即使是接受过专业训练的人士也很难预测一个人在什么样的情况下会采取自杀行为。尤其那些并非有计划的，而是在日常的某一次冲突后发生的自杀行为，更是令人防不胜防。但依旧有一些最密切相关的因素值得重点关注。

首先是精神疾病的风险。不是每一个自杀的人都患有抑郁症，但患有情感性精神疾病的儿童青少年，自杀的可能性比一般人要高出几十倍。除了抑郁症和双相情感障碍，其他患有精神分裂症、注意力缺陷多动障碍等疾病的孩子，自杀的风险也会提高。各类成瘾性问题，包括药物、酒精和网络成瘾，也有可能导致孩子出现自杀问题。

其次，从情绪上来说，几乎所有尝试自杀的人，他们的核心情绪都是绝望感。不论是严重的抑郁症患者，还是长期承受巨大压力而冲动自杀的人，都有一种自己无法从当前极度痛苦的困境中走出来的绝望感。在儿童青少年当中，这种绝望感可能是自己无法满足父母期待的绝望，可能是感受不到理解和温暖从而产生强烈的被抛弃感的绝望，也有可能是受到虐待或欺凌而无法逃离的绝望，或是踏入社会后身份转变带来的绝望感。

最后，要及时了解孩子的压力状态，知道孩子是否长期受到绝望感的影响。以下几条发生时，家长更要提高警惕，预防自杀行为发生：长期处于较大压力，但突然展现出放松的状态；日常生活习惯发生明显改变；将自己心爱的物品赠予他人。另外重要的一点是，曾经有过严重自杀企图的人，再次出现自杀行为的风险相当高。

如何帮助有自杀风险的孩子？

并不是每次自杀尝试都会成功，影响自杀的因素也是多种多样的。但全方位提高对自杀行为的认识，采取各种必要的预防手段，都是相当必要的。

理解和支持对于处在绝望环境中的人来说是相当重要的。这种理解和支持并不是自以为是的关爱和说教，而是直面问题和无条件的接纳。当你感知到一个孩子存在自杀的可能时，就不应该去回避和忽视这个问题。作为成年人需要承担起更多的责任，必要的时候要主动去聊这个话题，与孩子共同讨论，同时接纳孩子放弃、失败和逃避的举动。

对严重抑郁或处于躁狂状态下情绪极不稳定、具有较大自杀风险的孩子来说，住院是一种有效的保护手段。但还是有很多人害怕或拒绝住院治疗，对于未成年人来说，他们可能会认为自己遭到了父母的抛弃。很多家长也会担心医院无法提供充满关爱的环境，会给孩子造成伤害。此外，家长还有一些社会因素的考虑，担心住院会影响孩子入学就业，或者使孩子遭到别人的恶意评论。医院确实不能防止所有的自杀，但医院也拯救了很多因为各种原因可能自杀的人。医院不仅可以提供持续跟踪病情变化的医疗服务，也比一般的家庭环境更安全，能提供给病人更好的保护。在医院进行治疗，也能减少患者家人的精神压力，让双方在做好各方面的准备后再回归正常生活。

自杀往往是一系列情绪未得到排解后的结果。如果青少年觉得自己的各类感受和痛苦在家庭和学校不能得到理解和接纳，他们很可能就会向家人和身边亲友隐瞒自己的真实感受和想法。但他们的情绪痛苦并不会因此消失，于是他们就只好转向从其他途径寻找解决方法或答案，沉迷游戏是其中的一种，通过结束自己的生命而获得解脱也是。甚至有时他们会在网络

上寻找同样有自杀计划的人共同赴死，这种方式会进一步强化
自杀信念，提高自杀成功率。因此，从宏观层面来说，我们需
要有更多的社会力量来为儿童青少年建立一个被广泛知晓的、
能够提供充分支持的社会支持系统；而从微观上来说，家庭
情绪养育就是预防儿童青少年自杀中最关键的一环。

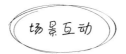

情形	建议说的话	不建议说的话
孩子向你表示自己压力太大，感觉坚持不下去了。	这些日子你一定过得很艰难吧。没关系，如果坚持不下去，我们就先休息一下。无论你做什么决定，爸爸妈妈都会支持你。	就你一个人有压力吗？咬咬牙就过去了。你看看人家都是怎么过来的。
学校老师和孩子的朋友向你透露孩子情绪极为低落，有消极行为的可能性。	爸爸妈妈发现你最近遇到了一些困难，我们很担心你。爸爸妈妈很抱歉，让你一个人承受了这么久的痛苦。从现在起，有什么事情让爸爸妈妈和你一起分担好吗？我们会尽一切努力来帮助你。能跟我们说说发生了什么吗？	怎么在外面哭哭啼啼的，回来就没事了？你给我打起精神来。做事情考虑一下后果，你也不小了，不要在外面给我们丢脸。

情形	建议说的话	不建议说的话
孩子被诊断为严重抑郁症，医生建议住院治疗。	没想到你是生病了，让你一个人受了这么久的苦。爸爸妈妈以前不懂，对你有很多误解，肯定也让你很难过吧。爸爸妈妈向你道歉。既然知道了原因，那我们就听医生的，好好治疗。爸爸妈妈会陪着你一起渡过这个难关。	医生说的你听到没有？在这里听医生的话，等你好了我们再来接你。
问孩子情况，孩子一直沉默。	我知道，有些事情有时候很难开口。如果你现在不想说也没关系，爸妈会在这里陪着你。	你这个样子，到底想怎么样？

思考题

● 有哪些因素会对自杀发生率产生影响？自杀行为的情绪核心是什么？

....

....

....

● 如果你的孩子有过自伤行为和自杀企图，而后被诊断为严重的抑郁症，你会支持他住院治疗吗？如果选择不住院治疗，你会采取什么样的保护措施？

> **小黑板敲重点**
>
> 　　如果你认为自己的孩子存在自杀风险，除了尽快咨询相关专业人士，还应该做到以下几点：
>
> ◆ 积极地表达对孩子的理解和支持
>
> ◆ 帮助孩子探寻是什么原因导致他感到巨大的痛苦
>
> ◆ 主动了解学习与自杀相关的预防和治疗知识
>
> ◆ 必要的时候配合医生的治疗建议，鼓励孩子按医嘱开展治疗，帮助他克服治疗过程中出现的困难
>
> 　　走出自杀绝望的道路是艰难崎岖的，过程不会一帆风顺，必定会经历很多挫折。但目前我们已经有很多可选药物来帮助有自杀冲动的人稳定情绪、减轻焦虑、抑制冲动，也能通过心理治疗的方式来给予支持，帮助他们看清自己的困境而得以在一片黑暗中找到希望的光芒。只要积极地去寻找资源，通过大家共同的努力就能够把悲剧发生的可能降到最低，挽救那些独特、宝贵的生命。

第五节

愤怒冲动：魔鬼的号召

　　小安是一个16岁的中职校一年级学生，家庭条件一般，父母学历都不高。父亲是长途货运司机，每个月只有几天时间在家，母亲在超市工作，但他们都期望小安能够好好学习。小安进入职校后觉得不喜欢自己的专业，经常不完成作业、逃课，也会深夜跑出去玩。母亲对此束手无策，父亲的教育方式就是拳脚相加。在某一次小安对父亲还手后，父亲表示不愿意再管他。小安觉得父母思想落后，因此不愿听他们的话，甚至母亲多问几句，小安也会对着母亲怒吼。小安在夜里和朋友在外游荡时会喝很多酒，会向陌生人挑衅，并有一些破坏他人财物的行为。小安对自己的状态并不满意，一心想的就是能退学，他想学汽车、摩托车修理，但对此也没有明确的规划，只是认为做那种工作会有机会开很帅的车。只要自己"自由"了，去车行打工，自己在社会上认识的朋友们就会教自己技术。小安有时感到苦闷，会去做文身，觉得文身时的刺痛感会让自己感到平静。

很多家长有这样一种感受：孩子进入青春期后就变得暴躁、易怒，即使是那些既往印象中乖巧、温顺的孩子，也会顶嘴、摔门、吼叫，甚至出现试图攻击父母的举动。其实，如果我们这些成年人回想一下自己青少年时期的经历，就会发现自己可能在较长的一段时间里也有类似的行为。那个阶段似乎总有很多生气的理由，对于成年人的管教不满，对自己的生活环境不满，对现实社会中的一些现象不满。过多的关注或是被忽略都会让人生气，愿望得不到满足、嫉妒别人、对某个话题的争论、觉得今天过得不顺或运气不好，也是生气的理由。这些感受的核心就是我们的愤怒情绪。而应对愤怒情绪的方式，很大程度上展现了每个人的个性特点。有的人会积极地去改变让自己不满的事物，有的人选择被动接受，也会有一些人习惯于攻击他人、进行破坏伤害行为，或者依赖于某些能够缓解情绪的物质和特殊行为。

愤怒本身是一种自然情感，是人类的核心情绪之一。感到愤怒是一件相当不舒服的事，所以我们会把它归为负性情绪。经常性、长期感受到愤怒会对人的健康产生不利影响，但愤怒同样是一种相当强大的动力来源，可以是一种立志向、促人不断努力向上的力量。但如果缺乏正确的引导与恰当的宣泄方法，愤怒也可能导致严重的行为问题。一个人会采取何种方式来应对自己的愤怒和他的发育水平、受教育程度、道德水平、心理健康状况、社会环境等都有着密切的联系。无法控制的愤怒往往成为家庭暴力、人际冲突、交通事故和人身伤害的重要起因。

在童年期受挫的时候，很多孩子会大喊大叫、哭得稀里哗啦或满地打滚，有的会摔东西，或者伸手打照料者。而对于青少年来说，他们在这个年龄阶段是在经历另一次"全能感"和"现实"的斗争。我们说，十多岁的孩子，总有一股天不怕地不怕的气势，觉得自己什么都知道，而成年人却什么都不懂，也不能理解自己。但和童年期一样，他们在探索更广大的现实世界的时候不可避免地会遭遇大量的挫折。现实环境和自己理想状态的巨大差异，会让他们感到恐惧、被欺骗。因此，他们极度排斥那些自己不愿接受的教导；他们渴望正确、强大，以此确立自己的存在价值；他们对激起自己愤怒的对象充满敌意。就像小时候用哭闹来表达不满或许能换回玩具和父母的妥协，青少年也尝试着用愤怒来让世界向他们低头，但在现实中事情并不会如此发展。

在青少年阶段，由于大脑发育并未完善，孩子所感受到的情绪往往会比较强烈，不仅仅是愤怒，也包括爱，包括对归属感、认同感的强烈渴求。青少年时期的大脑对于情感的抑制功能还比较弱，在这些情感需求面前，理性和分析能力都会钝化。他们难以承受压力，年轻的大脑正在学习和积累经验，让自己找到更能适应环境的生存策略，而不再是用情绪去正面硬刚。大多数的孩子会在几次情绪爆发后开始调整自己的行为，会开始选择用更有效的手段来沟通和表达。但仍有一些孩子会因为各种原因而缺乏这种能力，或许是教养环境的问题，或许是本身的气质原因，也有可能是他们在成长环境中发现采取攻击行为能获得更多的满足感和利益，在这种情况下，他们可能会把这种行为模式沿袭下去，甚至不断升级自己的破坏行为，比如越来越频繁，所导致的危害越来越大。

前文提到的小安是一名进入青春后期的男生，他的愤怒情绪相对于年龄较小的儿童青少年来说显得更复杂。我们似乎也能对他的境遇有一些感同身受的理解，他的家庭环境似乎是充满了忽视和暴力，因此，他的愤怒并不是毫无来由的。他在年龄增长以及进入新的环境之后似乎并不能很好地适应，而且因为长期受愤怒情绪的影响自己已经出现了一些破坏性的行为。长期在对父母抱有敌意的环境下成长，与家人之间的相互信任和正常沟通渠道已经遭到破坏。对于类似的情况，只有在愤怒情绪出现的早期就予以重视和干预，才能保证青少年不偏离轨道地健康成长。

家长如何才能尽早识别有破坏性的愤怒情绪？

愤怒是正常的情绪，一般来说我们对愤怒的表达都是采用比较外显的方式。人在愤怒时的表情、语音、语调和身体动作都会发生变化，尤其是直接面对让自己愤怒的对象时。这是在提醒别人：我对你不满，可能很快会对你进行攻击。所以，大多数情况下我们很容易感知到另一个人是不是在生气。但很多父母会因为自己与孩子在家庭中的身份地位不同而忽略孩子愤怒的表达，或者他们自己被孩子的行为所激怒，进而失去了对孩子情绪变化的关注。

- ◆ 青少年常用的表达愤怒的表情：
  - 脸或脖子充血变红
  - 怒目以对
  - 冷眼相看
  - 不理不睬
- ◆ 语言上的表现：
  - 叫喊
  - 大声反对
  - 骂脏话
- ◆ 行为上的表现：
  - 肌肉紧绷
  - 动作幅度变大，制造出明显的噪声
  - 突然停下正在进行的活动
  - 用力关上房门、踢门
  - 摔东西
  - 弄出很大的声响
  - 把电视或音乐调到最大音量
  - 与人发生身体冲突

愤怒情绪的积累可能会带来很多社会不能接受的行为问题，这些是家长更需要关注和提高警惕的。一旦发现就需要采取相应的干预措施。这些不恰当的行为问题包括：

违拗对抗：经常性不服从管教，会用激烈的语言反驳或辱骂教导他的人。

攻击行为：挑起打斗事件、辱骂欺凌他人、伤害虐待他人或动物、使用器械攻击他人。

破坏行为：蓄意破坏他人的或公共的财产、经常性损毁物品。

无视规则：故意违反校规校纪、参与被禁止的行为、逃夜或离家出走、抽烟饮酒。

并不是所有的行为问题都是由愤怒引起的，但当行为问题和愤怒相伴的时候，个体很可能会因为冲动而变得失去控制，导致更严重的后果。而且一旦接受了采取这些不恰当的行为来释放愤怒之后，对他人和自身所造成的伤害也可能会逐步升级。还有一些个体会采取自伤的手段来应对愤怒，例如用利器刺伤或割伤自己，踢打或撞击硬物。

如何帮助愤怒的孩子？

我们经常把愤怒的感受比作洪水或高压锅，所以应对愤怒最有效的方法自然就是发泄和排解，而不是一味的压制。对于家长和教导者来说，应该做的就是帮助儿童青少年找到一些其他的适合自己、健康且能够被他人接受的表达方式。一般来说，会遵循识别情绪的训练、沟通表达训练、放松训练，要求孩子能够对自己的行为后果负责，提高共情能力和道德水平。

虽然很小的孩子就能明确感知到自己的愤怒，当他们不满意的时候就会撅起小嘴、表现出气鼓鼓的样子，说"气死我了!""我生气了!"，但直到成年，很多人可能都不能明确认识到究竟是什么事情引发了自己的愤怒，也意识不到自己愤怒时的行为会对自身和他人造成什么样的影响。例如：很多家长理性上知道不应该对孩子大吼大叫或动手，但当子女与其产生激烈冲突的时候，仍难以克制这些行为的出现。也有一些恋人或夫妻，因为某些小矛盾就升级为肢体冲突。这些后果往往并不是当事人所期望的，事发后他们会感到内疚和后悔。因此，在儿童青少年时期，如果能培养感知情绪、缓和情绪、分析情绪的触发事件以及寻找解决方法的能力，对于他们的成长和发展是极为有利的。

很多时候愤怒情绪就是因为不能正确表达出来才变为难以控制的伤害事件。这其中一部分原因是双方权力地位的不平等。例如家长与子女的关系中，孩子会感到大人以自己的年龄、经验、养育责任等条件形成了一种居高临下的态度，因此拒绝了他们的表达。另一部分是因为孩子识别情绪的能力不足，无法准确用语言描述和表达自己的情感体验，因而感受到自己在争执中处于弱势地位，很多人就会用"我说不过他"作为自己动手的理由。

共情能力和道德水平是能够通过示范训练和文化教育得

到提高的，这使孩子更能站在别人的立场上去考虑问题，也更能体会到他人的感受，如体会到家长的良苦用心。但他们获得这种能力的前提是，家长首先需要在日常生活中不断展示自己对孩子的共情能力。

另外还有一部分儿童青少年经常出现愤怒和破坏行为是由某些心理健康原因所导致的，如躁狂发作、注意力缺陷及多动障碍、品行障碍等。出现这种情况就需要及时就医和开展心理干预，如果放任不管，症状持续的时间越长，对家庭关系和个人的伤害就越严重。

场景互动

情形	建议说的话	不建议说的话
年幼的孩子因为愿望得不到满足而哭闹（比如买玩具）。	妈妈（爸爸）没有给你买玩具，你很生气对不对？我知道你很想买那个玩具，我也觉得那个玩具很好玩。不过出门前我们已经说好不买新玩具的，我们必须说话算话。要不这样，你可以在这里多玩一会儿这个玩具，也可以回去后把这个玩具放到你的心愿清单里，等以后实现愿望的日子到来时再决定是否买它。	闭嘴，不要哭了！你这样我要生气了，小心我揍你。

情形	建议说的话	不建议说的话
学校老师报告说孩子在校有攻击他人的行为。	你看起来很生气，看来肯定发生了什么事情，能告诉我是什么事情让你这么生气吗？	不学好，竟学会打人了！胆子大了，看我不好好收拾你。
孩子和家长争吵后摔门回屋。	我们知道你现在很生气，不想跟我们说话。我们也觉得现在不是交谈的好时机。我们双方都需要冷静一下，晚点再和你一起来讨论这个问题好吗？我们真的想了解你的真实想法和感受。	把门打开！谁允许你摔门的？你给我回来，我话还没说完。
孩子就某些现实问题感到受挫而生气、愤怒，如努力复习，考试却考砸了。	发生这样的事情，妈妈（爸爸）也觉得很遗憾。你付出了那么多努力，结果却不如预期。我想你一定对自己很生气、很失望，是不是？没关系，有这种感觉是很正常的。妈妈（爸爸）很愿意和你聊一聊这件事，如果你想和我聊的话。虽然我也不一定知道正确的答案，但是我会把我所知道的都分享给你，然后我们再一起来看看是不是能对这个事情多一些理解。	考砸了你还好意思发脾气！我看你就是不用功，但凡再勤奋点，也不会考出这么个成绩。你好好反思一下，也学学你们班那个××，不要一天到晚就知道玩手机。

● 请你试着想象一下，如果你是一个8岁、13岁或17岁的孩子，都会因为哪些事情而感到愤怒？你可能会采取什么样的手段来化解当时的愤怒情绪？

● 当你面对一个充满愤怒的孩子时，你会怎么做，有哪些具体的步骤？

小黑板敲重点

如果孩子在和你的互动中始终怒气冲冲，或者你发现他已经出现很多破坏性的行为时，你应该：

◆ 寻找合适的机会开展互相尊重的平等的沟通

◆ 帮助孩子寻找到合适的发泄情绪、消解愤怒的方式

◆ 就那些引发愤怒情绪的事件主动并积极地做出解释和说明

◆ 给予支持，但绝不纵容，鼓励孩子探索与成长，但也要孩子承担相应的责任

儿童青少年的愤怒与破坏行为由各种原因造成，几乎每个人都会在青少年时期有愤怒和破坏冲动的体验。大多数人会从社会中学会以更正面的方式去处理那些让自己感到愤怒的事情。但尽早、更广泛和更深入地就这一主题开展教育和相关训练则能够避免不当的应对方式变成习惯，也可以阻止情况不断恶化、破坏行为不断升级。同时，这也有助于降低孩子对社会和他人造成伤害的风险。

第六节

成瘾：停不下来的瘾

　　阿东是一个高二年级男生，性格较为内向，在学校里没有太多的朋友。他身材较胖，对于体育运动也都不擅长，觉得自己形象不好，没有女生关注自己。阿东最喜欢的就是各种电子游戏，每天回家后都会花费大量的时间在网络游戏上。他在游戏中担任工会会长，就是很多游戏玩家的领导，那些玩家在游戏时都会服从他的命令，也有女生和他成为网恋的对象。但太多的游戏时间，让他没办法好好完成学校的作业，基本都是向同学借来抄，或者以各种借口不交、晚交作业。阿东经常玩游戏到深夜，甚至通宵，上课时趴着补觉。被老师通知家长后，他和父母就玩游戏的事情爆发了激烈的冲突。后来家长让步，没有没收房间里的电脑，而是采取限制上网时间的方法。但他会在父母睡觉后偷偷打开路由器玩到凌晨。后来父母还发现他为了在游戏中购买装备，不仅经常不吃早饭，多次谎报学校的缴费项目，还向很多同学借了钱。虽然阿东也认识到过度玩游戏对自己的学习造成了非常负面的影响，自己仍旧希望将来能够考上大学，但还是陷入了"控制游戏时间—偷偷玩—把承诺抛在脑后—和父母发生争执—感到痛苦和内疚"这样一个恶性循环中。

疾病范畴内的成瘾一般指对于酒精、毒品、药物等物质的滥用和依赖。但在更广泛的领域内，成瘾被认为是一种介于冲动和强迫之间、包含了非常多样化的行为的表现。在儿童青少年人群中比较多被关注的是网络和游戏成瘾。另外，性瘾、赌博成瘾、无节制的购物也是常见的成瘾表现。还有研究者认为，多次反复的自伤、自杀、盗窃、收集和堆积以及超量进食，也都属于成瘾行为。从它的特点来说，成瘾是一种可能带来乐趣、缓解痛苦的行为方式。这种特定的行为是不受控制的，限制行为发生的尝试会反复失败。另外，尽管这种行为有负面后果，但仍然会延续。

人都有兴趣爱好，会钟情于某种特定的行为或事物。那是因为，当我们在这个过程中体会到了满足感，我们就会倾向于更大量地去获取这一事物，更频繁地去进行这种活动。如果这个过程被限制，就会产生极度不适和痛苦的感觉。有时候我们会说某个人沉迷于他的爱好，也一样会在某件事物上花费大量的时间与金钱。那么判断成瘾行为的关键就在于，这个人是否能够保持理智、该行为是否对正常生活造成负面影响。

例如，强迫性赌博就是一种较为常见的成瘾行为。陷入其中的人可能会为了赌博放弃自己正常的工作与事业，把自己的财产耗费殆尽，甚至在不考虑偿还能力的情况下大额举债去赌博。在被限制的情况下，他会尝试千方百计摆脱控制去参与赌博活动。不能如愿时，甚至会对约束他的家人进行攻击。如果说赌博的人是对小概率事件抱有一种不切实际的强烈期待，那么网络打赏行为成瘾则可被视作对虚假的自尊的沉迷。很多人在这种虚假身份背后会实施远远超出自己经济能力的打赏行为，甚至不惜通过违法手段获取钱财来满足打赏的需要。而做出这种不理智行为的目的，可能只是在非常短暂的时间内获得几句称赞来满足自尊。成瘾的本质就是为了短暂的愉悦和满足感，不惜付出自己无法承受的代价。

对于儿童青少年来说，某些特别严重的网络和游戏成瘾或许是极端厌学、社会适应不良的伴随产物。这种情况下所需要解决的便不再仅仅是成瘾行为这件事，而是要对更为深入的心理原因进行干预。研究发现，尽管原因各异，很多沉迷网络和游戏的儿童青少年背后都有着未被满足的情感需求。更为广泛的情况是，一般人也容易陷入过度的陷阱。网络游戏具有的以下特点往往成为其在潜移默化下诱导人们深陷其中的原因。

● **匿名、身份的改变。** 在网上发言可以没有人知道你的年龄、身份。一个人很容易杜撰出一个不属于自己的形象来获得满足。比如，普通人假扮富豪、假扮靓丽的形象。

● **沉浸其中、时间感缺失。**很多人一玩游戏就不知不觉地耗费了大量时间。

● **获得方便。**随时随地就可以在手机上进行游戏、访问页面、直播互动等。

● **门槛低。**花费较低即可入门。如某些游戏可以免费玩，同时也设置了不同价位的花费项目。消费者为了获得更好的体验，就会付出几十、几百元来购买，然后就可能连续高额购买。虽然商家都会在页面上标识"请理性消费"，但精妙的设计体系甚至让很多成年人也抵不住诱惑。

● **收集的满足感。**这也是导致非理性消费行为的诱因。比如现实中的盲盒玩具，其可爱的设计可以让人认为自己是被玩具形象所吸引，从而忽略了自己的冲动行为。商家会不断推出较为罕见的限定款、隐藏款，让开盲盒爱好者们趋之若鹜，为了满足收藏的愿望可能买回来一大堆不需要的东西。电子游戏也会采用类似的设计，例如套装、隐藏款，吸引游戏者投入大量金钱或者时间。

严重的成瘾行为，不论是哪一种，都对我们的心理健康有着负面的影响。其中危害最显著的就是赌博成瘾。据统计，赌博成瘾者中尝试自杀的大约占20%。其他的成瘾行为也同样会提高自杀的风险，背后的心理原因或许有：成瘾对自己的生活状态和财务状况造成极为负面的影响；自己试图控制却不断失败；强烈的内疚感；成瘾危害了重要的人际关系从而引发的孤独感。

从前文提到的阿东的案例中就可以看出，发生在儿童青少年时期的网络和游戏成瘾是一个综合了多种因素、相互影响而造成的现象。其中既有本人的性格原因，也有在现实世界中受挫的影响。网络游戏补偿了成瘾者的某些心理需求，同时游戏也是一种吸引人不断投入的设计作品。成瘾的孩子忍不住在游戏当中获得满足，甚至已经影响了正常的学习和日常生活，孩子本人也陷入了无法克制地寻求满足和长时间内疚痛苦的反复当中。这样的情况不仅影响本人的发展，也极大地破坏了家庭关系。如果继续恶化，孩子就可能会放弃回归正常生活的努力，造成不可逆的心理健康损害。

家长如何才能尽早识别孩子的成瘾行为？

之前提到每个人都会有自己的兴趣爱好，健康开展兴趣活动能够帮助孩子放松情绪、开阔眼界、学习知识，与志同道合的人建立良好的社交关系。网络使用和电子游戏也是在现代社会中获取信息和休闲娱乐的重要方式。那么在什么样的情况下才能判断孩子出现了成瘾行为呢？大致上有以下几点：

◆ 花费大量时间进行某项活动，以至于影响正常的睡眠休息、学习和人际交往。

◆ 超出了正常的消费比例。比如说，一个大学生把所有的生活费都用在游戏充值上，而把自己的伙食消费控制到极低的水平。

◆ 家中出现过多未告知家长的物品。例如大量的盲盒玩具、收藏卡片，或很多买来不穿的衣物。

◆ 有欺骗或窃取行为。例如，偷偷绑定家长的银行卡用于充值，或在商场偷东西。

◆ 说谎隐瞒自己的消费和行踪。有的青少年会编造外出的理由，然后聚集在一起进行抽烟饮酒等不被允许的活动。

◆ 被限制时焦躁不安或情绪失控。例如，玩游戏被禁止或打断时可能会大发脾气。

◆ 屡教不改，无视自己行为的后果。对越来越严重的破坏性行为视而不见。

◆ 无法控制地被吸引。只要一有机会就会忘记本该做的事情而跑去参与被吸引的活动。

如何帮助已出现成瘾行为的孩子？

严重的病理性成瘾行为是很难改变或治愈的。有一些脑成像的研究认为，病理性成瘾会导致脑部呈现类似吸毒后的损害，使人控制冲动的能力被削弱，理智思考的功能也会被抑制，同时对于失去成瘾事物的痛苦也变得更难耐受。

常见的网络游戏过度使用、无节制购物等行为也会对孩子的学业生活、家庭关系等各方面产生不良影响。因此，不论是何种成瘾行为，都应该尽力做到早发现、早干预。作为一种行为表现为主要症状的行为问题，心理教育和行为训练等措施能够改善成瘾造成的破坏性影响，并防止成瘾的继续恶化。

首先是管理隔绝成瘾事物。虽然现在手机已经是青少年的标配，现代生活也已经离不开智能手机了，但家长依旧应该严格限定孩子使用手机的时间与范围，避免孩子在手机上接触到游戏、赌博、直播打赏、色情内容等，激发成瘾满足感。

其次是了解当事人的心理状况，是否有某些因素促使其投入成瘾的事物中。是不是对现实生活的逃避？或是对某种不恰当事物的愤怒和不满的宣泄？家长应当帮助他们找到更健康的应对方法。

最后，家长的陪伴、关注和管教，以及自身的示范作用，对子女的成长也起到关键的作用。在留守儿童群体当中，由于缺乏约束，青少年烟草、酒精等物品的过度使用问题也不容忽视。如果家长本身就有一些成瘾行为的问题，比如酗酒、过度使用手机或沉迷网络游戏等，就无法给孩子起到足够有说服力的行为示范作用。

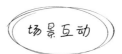

情形	建议说的话	不建议说的话
最近一段时间孩子迷上了网络游戏，在应该上床休息的时间还在玩游戏。	你最近经常晚睡，我很担心你的身体。我知道你很喜欢玩游戏，但是它现在已经影响到你的身体了，我觉得我们可以一起来安排一下玩游戏的时间。	玩疯掉啦？睡觉都不要睡了？再玩把你手机给扔了！
你发现孩子用你的账户为他的游戏充值。	你没经过我的同意，就用我的钱来给你的游戏充值，对你的这个行为我很生气。因为我很看重一个人的品质和信用。我希望我们之间可以相互信任。我觉得我们需要讨论一下这件事情会有什么样的影响，包括对你的游戏，和对我们之间的关系。	你竟敢偷家里的钱去玩游戏？以后是不是还要到外面去偷？
在和你争执后，孩子向你保证以后不再玩游戏。	完全不玩游戏是一件不可能的事情。如果这件事情可以让你放松和休息，那你不必完全放弃它。但是我们对于娱乐时间和学习安排都要有一个合理的规划。	如果再发生这种情况你就给我滚出去。 已经保证过多少次了？我不相信你。

情形	建议说的话	不建议说的话
你在孩子的书包里发现了香烟，而且你察觉到他和同学在一起外出就餐时喝过酒。	我知道你很想融入你的朋友们，但是你现在的行为让我很担心。你可能会认为很多成年人都会抽烟喝酒，为什么你们这个年纪就不被允许？我们可以一起来谈谈这个问题和你自己的想法。我们也希望知道你抽烟喝酒之后的感受。	小小年纪你就抽烟喝酒，这是想死吗？还是想变成小流氓？

● 你觉得成瘾行为的发生和哪些因素相关？如果一个孩子一天玩游戏时间超过两个小时，或者为了玩游戏充了很多钱，是不是就可以认为他是网络游戏成瘾？

● 当一个行为具有哪些特点时，你可以判断它可能是成瘾行为？你是否可以针对这些特点，给出纠正成瘾行为的方案？

小黑板敲重点

如果孩子沉迷于某项事物不可自拔，或者你发现他已经为此付出了难以承受的代价，你应该：

◆ 了解孩子的兴趣和想法，支持那些有建设性的方面，但对失控的部分协助孩子进行管理

◆ 引导孩子接触更多样的事物，寻找其他能够满足心理需求的途径

◆ 承担起家长的管理和教养责任

成瘾行为和兴趣爱好之间有很多共同点，我们都会有自己的兴趣爱好用以放松心情，缓解压力。所谓玩物丧志，所有的兴趣爱好也有可能会耗费我们大量的金钱和时间。但我们应该能理性地认清，对这项事物的投入是否对我们的现实生活和人生发展造成了损害。更重要的一点区别是，兴趣爱好往往是能够不断拓展和深入研究的领域。但我们对成瘾事物的投入，如烟酒、购物、网络游戏等，都是非常表面和短暂的、为了满足当时欲望需求的一种行为，是当事人用于回避某种现实痛苦的工具。

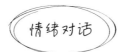

母亲 学校班主任和我说这个孩子每天上课的时候都在睡觉，叫我到学校里去一趟。昨晚我和他说这件事情的时候，他又发很大脾气，对着我大吼大叫。我吓得都不敢吭声……老师你看我该怎么办啊？

小安 （吼了起来）什么叫每天上课都在睡觉？我只是偶尔有几天太累了才睡着了好吗？你还不了解情况，就说我！烦都烦死了！

心理老师 小安，到底是什么事情让你这么愤怒，要用大喊大叫才能让你妈妈听到？

小安 我……没有。

心理老师 你说别人都不了解情况，那现在你可以来告诉我们吗？

母亲 我哪有办法去了解？我一开口他就不耐烦了。我问他为什么不耐烦，他就像看到仇人一样吼我。
（心理老师示意家长先听小安说什么）

小安 我一点都不喜欢这个学校和我现在的专业。我有别的想法，但老妈只会让我好好读书。老爸一个月难得回来几天，听到老妈说老师告状了，就对我又打又骂。

 心理老师 这就是你那么愤怒的原因吗？

 小安 是的，还让我生气的是，他们都没什么出息。我想买一双球鞋，他们都不给我钱，还有好多生气的事情。

 心理老师 你生气时是什么感觉？

 小安 胸口堵得慌，脑袋好像也胀胀的。有时候就想有人来惹我，让我可以出出气。

 心理老师 那你在课上睡觉、和老师吵架，在家里妈妈问你情况的时候，是不是想要借机发泄一下？

 小安 他们都不听我的……

 心理老师 你在生气的时候能听到别人在说什么吗？

小安 我……听不到。

 心理老师 那你觉得那个时候，老师和妈妈的心情是什么样的？

 小安 对我很生气吧……

 心理老师 小安妈妈，他现在好像知道自己发脾气也会惹别人生气了。如果你们真的想听孩子的想法，是不是也知道大概要怎么做了？

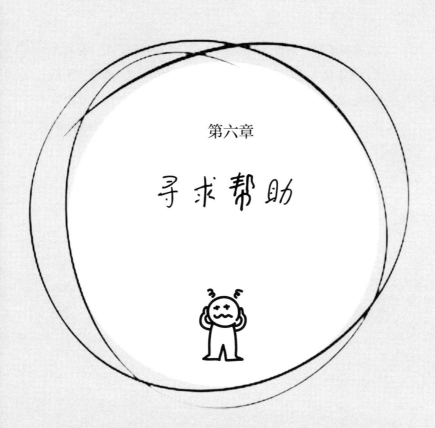

第六章

寻求帮助

"我的孩子究竟是青春期叛逆，还是真的生病了?""有的人说小孩自残不用管，长大了就好了，我该相信吗?""我家孩子不是生病吧，我觉得他/她就是作、就是懒"……相信这些是很多家长都有的困惑。通过前面的知识讲解，你是否对儿童青少年的情绪特点有所了解了呢? 然而，关于何时以及如何寻求帮助，仍然需要进一步展开。接下来的这一章，让我们仔细聊一聊。

第一节

何时求助

　　小丽今年13岁，正在学习古筝，一个月后就要考十级了。就在这时，她再次向父母提出她不想学琴了。小丽的爸爸非常生气，觉得小丽遇到困难就退缩；小丽的妈妈则苦口婆心劝说小丽坚持下去，考过十级就不学了。小丽嘴上答应了下来，但是非常抗拒练琴。看到她不练琴，爸妈更是怒火中烧。考级的前两周，老师跟父母反映，小丽的校服袖子上有血痕。在爸妈的一再询问下小丽才承认，她有自伤的行为。然而，小丽的爸爸更加生气了，认为小丽是在威胁他。小丽的妈妈没有主意，但也觉得可能自伤是一种反抗的升级，后面自然就好了。结果小丽考级失败，她松了一口气，心想再也不用练琴了。小丽的妈妈却说，"考过"的意思是要通过考试。小丽崩溃了，她像发了疯一样大喊大叫，而爸爸妈妈仍然在想办法劝说她再考一次。这次小丽没说话。然而，一周后，小丽被发现在家里吞药试图自杀。抢救后，医生建议小丽去精神科就诊，之后小丽被诊断为重度抑郁。小丽的爸妈惊呆了，同时也非常后悔：既然小丽是生病了，那应该早点带她去看病。可是，什么时候才算是及时呢？

● 通过表现来判断

精神障碍有两百多种，但是生病的人总有一些共通点。如果要用一句话来概括，就是看孩子的生活学习受到了多大程度的影响，主要可能表现为：学习成绩的下降、厌学、拒绝上学、无法建立友谊、生活上无法很好地自我照顾、睡眠不足、睡眠质量差、失去对以前感兴趣的事物的兴趣、出现问题行为（如沉迷于游戏而耽误了正常生活、贪食厌食催吐、高危的性行为、吸毒、自伤或自杀等）。观察还包括纵向和横向的比较，如孩子现在跟以前相比有什么明显不一样（纵向），自己的孩子跟这个阶段的孩子通常的表现相比有什么明显不一样（横向）。这些表现有的可能是从家里可以观察到的，有的可以在学校里观察到。如果某种问题行为在学校和在家里都发生过，那么需要寻求专业帮助的紧迫性可能更高。

● 通过时间来判断

判断儿童青少年的问题是否需要寻求帮助，需要看问题出现的时间长度。如果孩子每天大部分时间都不开心（包括在学校和在家），且该表现持续了两周以上，自己又无法调节，就需要引起我们的重视了。如果情况持续变差，就需要进一步寻求专业力量的帮助。对于生活环境变化，如搬家、升学等，可以观察一个学期（6个月左右）的时间，如果孩子过了一个学期仍然不能适应新环境，有影响生活学习的表现，那么可能需要专业的帮助；对于突然发生的、急性的应激事件，比如地震、火灾、车祸等，因为它无法预料并且有可能对孩子带来重大心理冲击，因此专业的心理干预越早介入越好，这对于预防心理冲击转变为心理创伤有重要的作用。

第二节

向谁求助

当孩子需要帮助时，我们当然要寻求专业人士的帮助。专业人士主要分为六类：精神科医师、心理咨询师/心理治疗师、儿童保健医生、学校心理老师、社会工作者、康复师。

● **精神科医师**

精神科医师可以在精神专科医院、综合医院精神/心理科、社区卫生服务中心等医疗机构内找到。精神科医师的主要作用是提供诊断和药物治疗，部分医院提供物理治疗等。同时，精神科医师可以给出是否可以进行心理咨询与心理治疗的建议。

● **心理咨询师/心理治疗师**

心理咨询师主要在医疗机构之外提供心理咨询服务。部分医疗机构中也有心理治疗师提供心理治疗服务。寻求心理咨询和治疗时，无论是心理咨询还是心理治疗都不是说教，而是帮助孩子发展心理能力，增强抗挫折能力，探索和了解自我，从而达到缓解症状、促进心理成长的目的。

- **儿童保健医生**

部分妇幼保健机构或社区服务中心的儿童保健医生除了提供身体方面的保健，也会为儿童青少年提供心理保健服务，包括心理评估、心理干预和专科转介等。

- **学校心理老师**

上海的中小学及高校都配备了心理老师，以各种形式为学生开展心理服务，包括心理健康教育、心理评估、团体和个体心理干预、危机干预和转介等服务。

- **社会工作者**

在医疗机构和非政府组织都能看到社会工作者的身影。社会工作者有着与心理咨询师类似的功能，除此之外，社会工作者很擅长给予现实上的支持。例如，他们会提供一些社会资源，帮助受到困扰的孩子及其家庭。

- **康复师**

对于需要进行康复的孩子，康复师必不可少。你可以在医疗机构中获得康复服务，也可以在一些特定的康复机构得到康复师的指导。例如，有机构专门针对自闭症谱系患者提供康复服务。

第三节

寻找资源

本节以上海市为例，介绍可用的心理/精神卫生服务方面的资源。

● 精神专科医院

以下是上海市的精神专科医院的信息（更新于2023年7月），除最后3家外，其他18家专科医院都设置了儿童青少年门诊，具体就医情况以医疗机构公布的为准。

表6-1　上海市的精神专科医院列表

序号	医院名称	地址	电话	微信公众号
1	上海市精神卫生中心	徐汇院区：宛平南路600号	021-64387250	上海市精神卫生中心
		闵行院区：沪闵路3210号	021-52219010	上海交大医学院附属精神卫生中心
2	徐汇区精神卫生中心	龙华西路249号	021-64560088	上海市徐汇区精神卫生中心

序号	医院名称	地址	电话	微信公众号
3	黄浦区精神卫生中心	瞿溪路1162号	021-53010724	上海市黄浦区精神卫生中心
		张家浜路39弄5号（仅住院服务）	021-68901126	上海市黄浦区精神卫生中心
4	长宁区精神卫生中心	协和路299号	021-22139500	上海市长宁区精神卫生中心
5	静安区精神卫生中心	南院：康定路834号	021-62584019	上海市静安区精神卫生中心
		北院：平遥路80号	021-66510223	
6	普陀区精神卫生中心	志丹路211号	021-56056582	上海市普陀区精神卫生中心
7	虹口区精神卫生中心	同心路159号	021-56662531	上海市虹口区精神卫生中心
8	杨浦区精神卫生中心	军工路585号	021-61173111	上海市杨浦区精神卫生中心
9	宝山区精神卫生中心	友谊支路312号	021-66782273	上海市宝山区精神卫生中心
10	闵行区精神卫生中心	闸航路2500号	021-54840696	上海市闵行区精神卫生中心
11	浦东新区精神卫生中心	三林路165号	021-68306699	上海市浦东新区精神卫生中心浦精心灵驿站

续　表

序号	医院名称	地址	电话	微信公众号
12	浦东新区南汇精神卫生中心	拱乐路2759号	021-68036136	浦东新区南汇精神卫生中心
13	松江区精神卫生中心	塔汇路209号	021-57846277	上海市松江区精神卫生中心
14	金山区精神卫生中心	金石南路1949号	021-57930999	上海市金山区精神卫生中心
15	青浦区精神卫生中心	练西公路4865号	021-59290160	青浦精神卫生
16	嘉定区精神卫生中心	望安路701号	021-59935000	嘉定区精神卫生中心
17	奉贤区精神卫生中心	奉炮公路1180弄1号	021-37502012	奉贤区精神卫生中心
18	崇明区精神卫生中心	三沙洪路19号	021-69610061	崇明精神卫生中心
19	上海市民政第一精神卫生中心	中春路9999号	021-64201320	上海市民政第一精神卫生中心
20	上海市民政第二精神卫生中心	川周公路2607号	021-68139307	二精中心
21	上海市民政第三精神卫生中心	闻喜路590号	021-56837154	上海市民政第三精神卫生中心

● 综合医院精神心理科

以下是上海市设置精神心理科的部分综合医院信息（更新于2023年7月），具体情况以医疗机构公布的为准。

表6-2　上海市设置精神心理科的部分综合医院列表

序号	机构名称	机构地址	机构类别	公众号
1	复旦大学附属儿科医院	万源路399号、顾戴路805号	儿童医院	复旦大学附属儿科医院
2	上海市儿童医院	泸定路355号、北京西路1400弄24号	儿童医院	上海市儿童医院互联网医院
3	上海儿童医学中心	东方路1678号	儿童医院	上海儿童医学中心患者服务
4	上海交通大学医学院附属新华医院	控江路1665号	综合医院	上海新华医院
5	上海市第一人民医院	武进路85号、新松江路650号	综合医院	上海市第一人民医院
6	复旦大学附属华山医院	乌鲁木齐中路12号、红枫路525号	综合医院	复旦大学附属华山医院
7	复旦大学附属中山医院	枫林路180号	综合医院	复旦大学附属中山医院
8	复旦大学附属肿瘤医院	东安路270号	肿瘤医院	复旦大学附属肿瘤医院

续　表

序号	机构名称	机构地址	机构类别	公众号
9	海军军医大学第二附属医院	凤阳路415号	综合医院	上海长征医院官方服务号
10	海军军医大学第一附属医院	长海路168号	综合医院	上海长海医院
11	上海交通大学医学院附属仁济医院	浦建路160号	综合医院	上海交通大学医学院附属仁济医院
12	上海交通大学医学院附属瑞金医院	瑞金二路197号	综合医院	上海交通大学医学院附属瑞金医院
13	上海交通大学医学院附属第九人民医院	制造局路639号，瞿溪路500号	综合医院	上海交通大学医学院附属第九人民医院
14	上海市第六人民医院	宜山路600号	综合医院	上海市第六人民医院互联网医院
15	上海市第十人民医院	延长中路301号	综合医院	上海市第十人民医院
16	上海市东方医院	即墨路150号、云台路1800号	综合医院	上海市东方医院
17	上海市宝山区中西医结合医院	友谊路181号	中西医结合医院	上海市宝山区中西医结合医院
18	上海市老年医学中心	春申路2560号	综合医院	上海市老年医学中心服务号

序号	机构名称	机构地址	机构类别	公众号
19	上海市浦东新区人民医院	川环南路490号	综合医院	上海市浦东新区人民医院
20	上海市普陀区人民医院	江宁路1291号	综合医院	上海市普陀区人民医院
21	上海市同济医院	新村路389号	综合医院	上海市同济医院
22	上海市同仁医院	仙霞路1111号	综合医院	上海市同仁医院
23	上海市徐汇区中心医院	淮海中路966号	综合医院	上海市徐汇区中心医院
24	上海市杨浦区中心医院	腾越路450号	综合医院	上海市杨浦区中心医院
25	上海市中医医院	芷江中路274号	中医（综合）医院	上海市中医医院互联网医院

● 上海市心理热线

当需要紧急的心理援助，或是需要心理支持时，可以拨打上海市心理热线"962525"，这是一条由多家专业机构共同组建和运营的公益热线，为全天候的服务模式，具有专业心理咨询资质的志愿者们轮流守护在电话这头，为电话那头的来电者提供免费心理服务。使用心理热线前你需要知道几条基本原则：

◆ 心理热线作为政府支持的公益热线，是为所有公众服务的。因此，热线的基本属性有：

- 热线为需要帮助的来电者提供公益性的、暂时性的、即刻的心理支持和帮助，与强调稳定咨访关系的、收费的、固定频率的面询有着本质差异。

- 为有效服务更多公众，心理热线的接听时间一般不超过30分钟，特殊情境下，比如涉及危机干预时，来电可以适当延长。

- 心理热线的大部分志愿者来自专业卫生机构或者教育机构，多为兼职志愿服务。根据心理服务特定的工作设置，同时也为了保护来电者和热线接线员，心理热线无法按照来电者要求，承诺安排单一固定的热线接线员，也不会根据来电者的要求，查询和提供热线接线员的相关信息。来电者不可以各种理由打听和索要热线接线员私人联系方式。

- 心理热线有着天然的、无法避免的局限性，无法为来电者提供病情诊断和药物咨询服务，心理援助的本质亦非解决或扭转客观问题，来电者应调整求助的期待。

- 心理热线建议来电者关注自己当下的情绪和问题，在诸多问题中，来电者可以和接线员共同探讨，优选一个问题作为一次通话的重点讨论内容。

- 心理热线的优势是：能通过倾听和陪伴，即时帮助缺乏心理支持、面对困境采用习惯性的思维模式和应对方法均失效的来电者。而长期存在的精神障碍、人格问题则超出心理援助热线的工作范围，来电者应到精神卫生专科机构就诊，或到专业的心理咨询机构进行长程面询。

◆ 使用心理热线时你必须做到真诚、信任、尊重，具体包括：

■ 对来电内容负责。做到不夸大事实、不恶意骚扰、不违背法律法规。

■ 如涉及自身或他人生命安全等事项，要配合留下地址和联络方式，配合相关部门危机干预或回访。

■ 如累计被三位及以上不同接线员标示为恶意骚扰来电，经复核后，该来电的心理援助服务将被暂停。

■ 对涉及需要医疗咨询、就诊预约等来电，推荐直接拨打相关医疗机构电话。各医疗卫生机构有相应的问题应答机制，如医疗机构有门诊办公室，各专业机构有总机电话，均可快速受理和处置公众提出的问题，建议充分利用各单位已经设置的问题反馈通道，这样可以保证你提出的诉求快速得到更准确的应答。

◆ 教育系统心理服务资源包括：

- 上海地区的中小学基本都设置了心理咨询室，有专（兼）职的心理老师为学生提供心理健康教育和心理咨询等干预服务。

- 上海地区的高等院校基本都设置了学生心理辅导中心/心理咨询中心，有专职的心理健康服务队伍。以下是在沪高校心理支持热线：

表6-3　在沪部分高校心理支持热线

序号	热线主办单位	电话号码	开通时段
1	同济大学	四平校区：021-65983723 嘉定校区：021-69589851	8:00–22:00（周一到周五）8:00–17:00（周一到周五）
2	复旦大学	021-65643339	周一到周五 8:30–11:30　13:30–17:00
3	上海交通大学	021-54742344	0:00–24:00
4	上海交通大学医学院	校内：63846590*776397	19:00–21:00
5	华东师范大学	校内：021-62233062	8:30–11:30　13:00–16:30
6	华东理工大学	奉贤校区：021-33612068 徐汇校区：021-64253821	8:00–22:00

续　表

序号	热线主办单位	电话号码	开通时段
7	东华大学	400-008-1610	开学后周一至周五，9:00-11:30，13:00-16:30
8	上海财经大学	021-65904073	0:00-24:00
9	上海理工大学	校外：400-098-0708转9	0:00-24:00
10	上海师范大学	徐汇校区：64322544 奉贤校区：57122546	1月30日—2月17日 每天8:00-17:00
11	上海科技大学	校内：021-20685560	9:00-11:30,13:30-17:00
12	上海海事大学	021-38284386	9:00-18:00
13	上海海洋大学	400-098-0708转9	9:00-21:00,紧急24小时
14	上海对外经贸大学	021-67703561	8:30-16:30
15	上海工程技术大学	18101612981	9:00-18:00，紧急24小时
16	上海应用技术大学	校内：4000980708转9	0:00-24:00
17	上海健康医学院	校内：400-098-0708转9	0:00-24:00
18	上海体育学院	校内：021-65506026	9:00-21:00,紧急24小时
19	上海音乐学院	校内：4001600526	24小时

续　表

序号	热线主办单位	电话号码	开通时段
20	上海立信会计金融学院	校内：021-68682013、021-67705045/67705455	8:30-16:00
21	上海海关学院	校内：4001600525	0:00-24:00
22	上海建桥学院	校内：021-51837869	8:00-22:00
23	上海旅游高等专科学校	校内：021-57126379	9:00-18:00
24	上海交通职业技术学院	4000590525	24小时
25	上海海事职业技术学院	13764400045	0:00-24:00
26	上海民航职业技术学院	校内：400-008-1610	0:00-24:00
27	上海视觉艺术学院	校内：021-67822504、13391239775	9:00-16:00
28	上海工商外国语职业学院	校内：68025972	开学周一到周五12:00-18:00
29	上外贤达学院	崇明校区：51278376虹口校区：51270848	1月30日—2月17日，9:00-11:30,13:30-17:00
30	上海思博职业技术学院	校内：021-68029055	1月30日—2月22日00:00-24:00

续　表

序号	热线主办单位	电话号码	开通时段
31	上海立达学院	校内：13817965525	周一到周五9:00-16:00
32	上海师范大学天华学院	校内：021-39966033	周一到周四8:30-16:00 周五8:30-15:00
33	上海邦德职业技术学院	校内：021-66505097	9:00-21:00

- 12355是共青团中央设立的青少年心理咨询和法律援助热线电话，各级共青团组织都有专人建设和维护。上海地区的号码为021-12355，服务时间是工作日9：00-21：00，周六、周日9：00—17：00。

- "青小聊"是上海共青团为青少年开设的网络咨询平台（上海"青小聊"公益心理咨询，https：//www .sh12355 .com/），可以提供网络心理咨询，服务时间：9：00-23：00。

- 除学校内部为学生开展心理服务外，上海市各区还设置了未成年人心理健康辅导中心，有专业的心理咨询老师为未成年人提供心理服务，以下是16个区面向未成年人的心理服务机构的地址与热线电话。除提供电话咨询服务外，部分未成年人心理健康辅导中心还提供线下面询，具体预约方式也可通过下方电话问询。

表6-4　未成年人心理服务机构列表

16个区心理中心全称	地　　址	热线电话
黄浦区未成年人心理健康辅导中心	斜土路885号综合楼7楼	63036588（24小时）
徐汇区未成年人心理健康辅导中心	漕东支路95号5楼	64642525（24小时）
静安区中小学生心理健康教育发展中心	余姚路139号4楼	52392751（24小时）
普陀区中小学心理健康教育中心	岚皋路75号A100室	4009209087（24小时）
长宁区未成年人心理健康辅导中心	华山路1682号	4008216787
虹口区中小学心理健康教育研究中心	水电路839号辅楼一楼	65160361（24小时）
杨浦区未成年人心理健康辅导中心	抚顺路340号致和楼四楼	4008209856（24小时）
浦东新区青少年心理健康教育发展中心	浦三路385号一楼	4008206235
闵行区中小学心理健康教育发展中心	紫龙路835号	54333867（24小时）
嘉定区未成年人心理健康辅导中心	嘉行公路601号B212室	4008205081（24小时）
宝山区学校心理健康教育发展中心	宝林路29号	4008200535（24小时）

续　表

16个区心理中心全称	地　　　址	热线电话
奉贤区中小学心理健康教育指导中心	南桥镇菜场路1132号	4009208761（24小时）
金山区未成年人心理健康辅导中心	石化新城路307号2楼	4001001890（24小时）
松江区学生心理健康教育中心	兴仓路256号	67725123（9:00—17:00）4009200525+160（17:00—次日9:00）
青浦区学生心理发展辅导中心	公园路301号	4001600525（24小时）
崇明区未成年人心理健康辅导中心	城桥镇北门路58-1号	4001001690（24小时）

第四节

与医生和老师的沟通技巧

为了帮助儿童青少年更好地度过情绪难关，促进康复，本书在这里提供一些沟通技巧，帮助我们提高与医生和老师的沟通效率。

- **与医生的沟通**
  - ◆ 客观、准确、直接地给出信息。向医生提供你所知道的客观信息，包括何时、孩子有什么具体表现、本次前来就诊之前的触发事件等。
  - ◆ 表达担心。表达担心是可以被理解的，不过我们可以同时给出具体的担心内容。例如：我的孩子是不是必须要吃药？我担心这个药以后停不了或对孩子有其他影响，您能告诉我相关的知识吗？
  - ◆ 给孩子和医生沟通的时间与空间，不去干涉孩子和医生的对话过程。如果看病的主体是孩子，那么医生一定会对孩子的情况进行评估。在这个过程中，无论孩子说的话多么令你不舒服，不要干预，让医生从专业的角度进行充分的判断。
  - ◆ 向医生明确医嘱并遵从医嘱。对于医生的医嘱，如果没有听清，不要急着离开，而要明确医生的医嘱并帮助孩子遵从医嘱。可以这样说："医生，您刚才说的我不太理解，我重复一下，您看我理解得对吗？"

◆ 询问后续的就诊计划。如果孩子需要药物治疗，那么吃药将持续一段时间。询问医生下次何时前来就诊，确保药物治疗的连续性。

● 与老师的沟通

通常，与老师的沟通存在两种情况：了解孩子的在校情况；探讨与上学有关的事项，如休学/复学/转学等。

◆ 了解在校情况。告知老师需要了解孩子在校情况的原因。如果这时还没有确定孩子是否存在某种心理问题，不需要向老师明确你的猜想，而是与老师交流自己的观察和顾虑，获得孩子在学校里的表现信息。

◆ 探讨与上学有关的事项。通常涉及是否恢复上学等，此时，孩子可能已经出现了需要去精神科就诊的情况。在探讨此类事项前，需要先得到精神科医师的专业意见，明确自己和孩子的意向，再结合专业意见，与老师进行沟通。

◆ 获得老师的支持。为了帮助孩子康复，有时候需要学校老师的配合。与老师充分交换意见，结合精神科医师、心理治疗师等专业人员的意见，向老师寻求具体的支持。

参考书目

[1] 艾克曼. 情绪的解析：心理学专业必读书[M]. 杨旭，译. 海口：南海出版公司，2008.

[2] 格里格，津巴多. 心理学与生活[M]. 16版. 王垒，王甦，等译. 北京：人民邮电出版社，2003.

[3] 罗尔斯. 脑、情绪与抑郁[M]. 傅小兰，等译. 上海：华东师范大学出版社，2022.

[4] 斯坦伯格. 与青春期和解：理解青少年思想行为的心理学指南[M]. 孙闰松，译. 北京：人民邮电出版社，2019.

[5] 谢弗，基普. 发展心理学：儿童与青少年[M]. 邹泓，等译. 8版. 北京：中国轻工业出版社，2009.

[6] 谢弗，坎杰洛西. 游戏的力量：58种经典儿童游戏治疗技术[M]. 张琦云，吴晨骏，译. 北京：中国轻工业出版社，2020.

[7] Marsha M. Linehan. DBT SkillsTraining Manual.[M] 2nd edition. New York: Guilford Press, 2015.